INS
The New York Times
HERZ GETROFFEN

Collection Rolf Heyne

JUSTIN LANE FÜR NYT

Ground Zero am 11. September 2001 um 10.14 Uhr Ortszeit.

INS
The New York Times
HERZ GETROFFEN

DER 11. SEPTEMBER UND SEINE FOLGEN

Mit einer Einleitung von Howell Raines
Bildredaktion: Nancy Lee und Lonnie Schlein
Textredaktion: Mitchel Levitas
Textbeiträge von Dan Barry, Celestine Bohlen, John F. Burns und N. R. Kleinfield
Art Director & Design: Toshiya Masuda

The New York Times

Callaway

Collection Rolf Heyne

10. September 2001.

11. September 2001.

FOTOS: DENTON TILLMAN

11. März 2002.

Inhalt

United-Airlines-Flug 175 nur wenige Augenblicke vor dem Einschlag in den Südturm des World Trade Center.

KELLY GUENTHER FÜR NYT

Einleitung

Howell Raines

An diesem strahlend blauen Dienstag, dem 11. September 2001, stand Einiges auf dem Programm bei der *New York Times*. So galt es, über die Vorwahlen zum Bürgermeisteramt zu berichten, weshalb die zuständigen Mitarbeiter der Lokalredaktion bereits früh an ihren Schreibtischen saßen. Als die Nachricht vom Einschlag des ersten Flugzeugs in das World Trade Center eintraf, eilten Fotografen und Reporter nach Lower Manhattan.

Journalistischer Instinkt und Routine bestimmten zunächst die Reaktionen, doch die Ereignisse dieses Tages erwiesen sich als eine Herausforderung, die niemand in diesen ersten Minuten hätte voraussehen können. Im Verlauf der nächsten Stunden entwickelten sie sich zur Tragödie des World Trade Center, einer Geschichte von Tod und Zerstörung durch Terrorismus, die das Leben jener für immer veränderte, die davonkamen, die darüber berichteten, die darüber lasen.

Ungläubig verfolgten die Amerikaner den tragischen Verlauf der Ereignisse. In der Redaktion der *Times* verließen wir uns auf unsere lange Tradition, schnell zu reagieren, loszueilen und über die Story zu berichten, die unmittelbar vor unserer Haustür eingeschlagen und sogleich die ganze Welt erfasst hatte.

TYLER HICKS FÜR NYT

12. September 2001, 20.00 Uhr.

An diesem Vormittag begann eine der größten Aktionen der *Times* seit dem Zweiten Weltkrieg. Dutzende von Reportern und Fotografen strömten zum Ground Zero und zum Pentagon, während andere quer durch Amerika sowie nach Afghanistan, Pakistan und zu den vielen anderen wichtigen Plätzen in Europa, im Nahen Osten und in Asien ausschwärmten. Was für uns bei der *Times* diese globale Krisensituation so anders machte, war, dass sie in unserer Stadt entstanden war. Es war unsere Story. Wir erlebten sie hautnah. Die *Times*-Familie verlor Menschen, die ihr nahe standen. An diesem ersten Tag schrieben Reporter, während sie sich um Ehefrauen und Kinder sorgten oder sich fragten, wo ihre Familie wohl die kommende Nacht verbringen würde. Einigen Kollegen, die dem Einsturz nur knapp entkommen waren, entfernten wir Trümmerstücke aus den Haaren.

Aber wir wussten, dass es bei dieser Story nicht um uns ging. Wir sollten nur Zeugen und Berichterstatter sein, unvoreingenommene Profis, und dennoch das Leid unserer Mitbewohner, der Angestellten im öffentlichen Dienst, der Überlebenden und der Familien ermessen können, die so schwer getroffen wurden. Unsere Aufgabe war es, dafür zu sorgen, dass die Erinnerung an diese Tage niemals verblassen würde. So ist dieses Buch auch eine Hommage an die Opfer.

Da wir alle Kräfte diesem alle politischen und geografischen Grenzen sprengenden Thema widmeten, überwanden wir unsere eigenen internen Barrieren. Autoren und Redakteure der Wissenschaftsredaktion arbeiteten beim Thema Anthrax mit Terrorismusexperten zusammen. Das Auslandsressort schickte für New York und Washington zuständige Reporter mit Aufträgen, an die sie nie im Traum gedacht hätten, um die halbe Welt.

Schnell wurde uns klar, dass ein solches Ereignis auch einen neuen Ansatz in der Berichterstattung erforderte, um gleichermaßen umfassend wie verständlich sein zu können, um all die Erregung und den Nachhall dieses schrecklichen Tages einzufangen. Aus dieser journalistischen Herausforderung ging eine eigene Rubrik unserer Zeitung unter dem Titel »A Nation Challenged – Eine Herausforderung für Amerika« hervor. Diese eine Woche nach den Angriffen eingeführte Rubrik ermöglichte es den Redakteuren, die Ereignisse ausführlich und fundiert darzulegen, und er gab uns zugleich Raum für Fotografien und Grafiken, wie sie niemals zuvor in dieser Form in der *Times* veröffentlicht wurden. Viele der in diesem Buch gezeigten Grafikelemente erschienen zuerst ganzseitig in diesem Teil, in dem Berichte über den amerikanischen Krieg gegen den Terrorismus in Afghanistan neben Reportagen über die dortigen Kampfhandlungen zu finden waren.

Die Bergungs- und Aufräumungsarbeiten an Ground Zero, das Schreckgespenst Anthrax, das Al-Qaida-Netzwerk, die Bemühungen Washingtons zur Verbesserung der inneren Sicherheit, der Angriff auf die Freiheitsrechte unserer bürgerlichen Gesellschaft: Alles wurde auf diesen Seiten akribisch und mit schonungsloser Unvoreingenommenheit nachgezeichnet. Am Ende der Rubrik standen Tag für Tag die »Portraits of Grief«, fast zweitausend kurze Lebensgeschichten von am Ground Zero vermissten Personen. Diese Porträts, die unsere Lokalredaktion recherchiert und zusammengestellt hatte, wurden zu einer Art nationaler Gedenkstätte.

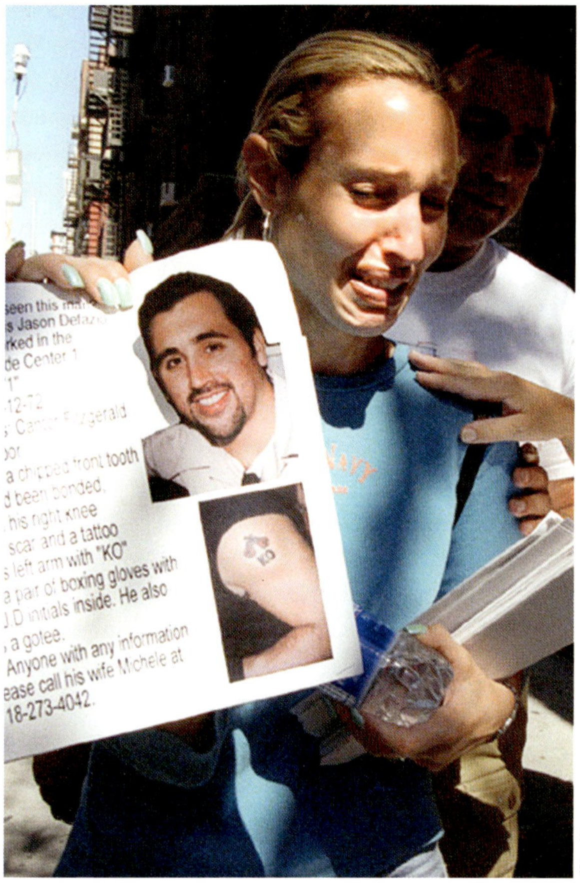

KRISTA NILES/NYT

Michele Defazio zeigt einen Handzettel mit der Personenbeschreibung ihres vermissten Mannes Jason, der für Cantor Fitzgerald im 104. Stock des Nordturms arbeitete. 13. September 2001.

Im Nachhinein ist es leicht, Ordnung in die sich überschlagenden Ereignisse der letzten Monate des Jahres 2001 zu bringen. Am 11. September stürzten die Türme ein. Dann wurde das Pentagon angegriffen, und ein viertes Flugzeug stürzte in den Feldern von Pennsylvania ab. Mit einem Schlag fühlten sich die USA, kurz zuvor noch so wohlhabend und mit sich selbst beschäftigt, im Belagerungszustand und waren voller Angst und Sorge. Amerika sah sich mit der allgegenwärtigen Bedrohung durch terroristische Angriffe und mit einem besonderen Feind konfrontiert, von dem die meisten seiner Bürger bis zu diesem Tag nicht einmal gehört hatten. Der Bürgermeister von New York, Rudolph W. Giuliani, wurde durch die Art und Weise, mit der er den New Yorkern half, mit ihrem veränderten Leben zurechtzukommen, zum Inbegriff an Unerschütterlichkeit für die ganze Nation. Soldaten richteten sich auf den Kampf gegen den neuen Feind ein. Plötzlich breitete sich mit der Post Milzbrand aus und tötete mit erschreckender Wahllosigkeit. Und dann gab es tatsächlich Krieg.

Diese Folge von Ereignissen war in den ersten Tagen und Wochen noch völlig unklar, und ihr Ausgang liegt natürlich noch immer im Dunkeln. Wie die Geschichte weiter ihren Lauf nimmt, so werden wir sie niederschreiben. Die Erinnerungen an diese Monate werden verblassen. Die Geschichte wird sich verändern, weil sich die Prioritäten verschieben und die Tatsachen neu ordnen.

Die Bilder und Texte in diesem Buch jedoch werden ein unveränderlicher Beleg unserer veränderten Welt bleiben. Nicht der Welt des 10. September. Nicht der Welt, wie die Mullahs oder die Gelehrten oder das Pentagon sie zeichnen oder verschleiern, oder der Welt, wie wir sie gerne hätten, sondern der Welt, in der diese Zeitung und ihre Leser existieren.

Diese Fotografien zeigen mit den Worten von James Agee »den grausamen Glanz der Realität«. Dies ist unsere Verneigung vor jenen, die diese letzten wirren Monate nicht überlebten. Dies ist eine getreue Beschreibung der Welt, die sie nicht mehr erleben durften.

United-Airlines-Flug 175 rast um 9.03 Uhr in den Südturm.

FOTOS: CARMEN TAYLOR ÜBER ASSOCIATED PRESS

I

11. September 2001

"All the News That's Fit to Print"

The New York Times

Late Edition
New York: **Today**, sunny, a few afternoon clouds. High 77. **Tonight**, slightly more humid. Low 65. **Tomorrow**, sun then clouds. High 81. **Yesterday**, high 81, low 63. Weather map, Page C19.

VOL. CL . . No. 51,874 — Copyright © 2001 The New York Times — *NEW YORK, WEDNESDAY, SEPTEMBER 12, 2001* — $1 beyond the greater New York metropolitan area. — *75 CENTS*

U.S. ATTACKED

HIJACKED JETS DESTROY TWIN TOWERS AND HIT PENTAGON IN DAY OF TERROR

A CREEPING HORROR

Buildings Burn and Fall as Onlookers Search for Elusive Safety

By N. R. KLEINFIELD

It kept getting worse.

The horror arrived in episodic bursts of chilling disbelief, signified first by trembling floors, sharp eruptions, cracked windows. There was the actual unfathomable realization of a gaping, flaming hole in first one of the tall towers, and then the same thing all over again in its twin. There was the merciless sight of bodies helplessly tumbling out, some of them in flames.

Finally, the mighty towers themselves were reduced to nothing. Dense plumes of smoke raced through the downtown avenues, coursing between the buildings, shaped like tornadoes on their sides.

Every sound was cause for alarm. A plane appeared overhead. Was another one coming? No, it was a fighter jet. But was it friend or enemy? People scrambled for their lives, but they didn't know where to go. Should they go north, south, east, west? Stay outside, go indoors? People hid beneath cars and each other. Some contemplated jumping into the river.

For those trying to flee the very epicenter of the collapsing World Trade Center towers, the most horrid thought of all finally dawned on them: nowhere was safe.

For several panic-stricken hours yesterday morning, people in Lower Manhattan witnessed the inexpressible, the incomprehensible, the unthinkable. "I don't know what the gates of hell look like, but it's got to be like this," said John Maloney, a security director for an Internet firm in the trade center. "I'm a combat veteran, Vietnam, and I never saw anything like this."

The first warnings were small ones. Blocks away, Jim Farmer, a film composer, was having breakfast at a small restaurant on West Broadway. He heard the sound of a jet. An odd sound — too loud, it seemed, to be

Continued on Page A7

Steve Ludlum

A Somber Bush Says Terrorism Cannot Prevail

By ELISABETH BUMILLER with DAVID E. SANGER

WASHINGTON, Sept. 11 — President Bush vowed tonight to retaliate against those responsible for today's attacks on New York and Washington, declaring that he would "make no distinction between the terrorists who committed these acts and those who harbor them."

"These acts of mass murder were intended to frighten our nation into chaos and retreat, but they have failed," the president said in his first speech to the nation from the Oval Office. "Our country is strong. Terrorist acts can shake the foundation of our biggest buildings, but they cannot touch the foundation of America."

His speech came after a day of trauma that seems destined to define his presidency. Seeking to at once calm the nation and declare his determination to exact retribution, he told a country numbed by repeated scenes of carnage that "these acts shattered steel, but they cannot dent the steel of American resolve."

Mr. Bush spoke only hours after returning from a zigzag course across the country, as his Secret Service and military security teams moved him from Florida, where he woke up this morning expecting to press for his education bill, to command posts in Louisiana and Nebraska before it was determined the attacks had probably ended and he could safely return to the capital.

It was a sign of the catastrophic

Continued on Page A4

Justin Lane for The New York Times

Paul Hosefros/The New York Times

AMERICAN TARGETS A ball of fire exploded outward after the second of two jetliners slammed into the World Trade Center; less than two hours later, both of the 110-story towers were gone. Hijackers crashed a third airliner into the Pentagon, setting off a huge explosion and fire.

Ruth Fremson/The New York Times

President Vows to Exact Punishment for 'Evil'

By SERGE SCHMEMANN

Hijackers rammed jetliners into each of New York's World Trade Center towers yesterday, toppling both in a hellish storm of ash, glass, smoke and leaping victims, while a third jetliner crashed into the Pentagon in Virginia. There was no official count, but President Bush said thousands had perished, and in the immediate aftermath the calamity was already being ranked the worst and most audacious terror attack in American history.

The attacks seemed carefully coordinated. The hijacked planes were all en route to California, and therefore gorged with fuel, and their departures were spaced within an hour and 40 minutes. The first, American Airlines Flight 11, a Boeing 767 out of Boston for Los Angeles, crashed into the north tower at 8:48 a.m. Eighteen minutes later, United Airlines Flight 175, also headed from Boston to Los Angeles, plowed into the south tower.

Then an American Airlines Boeing 757, Flight 77, left Washington's Dulles International Airport bound for Los Angeles, but instead hit the western part of the Pentagon, the military headquarters where 24,000 people work, at 9:40 a.m. Finally, United Airlines Flight 93, a Boeing 757 flying from Newark to San Francisco, crashed near Pittsburgh, raising the possibility that its hijackers had failed in whatever their mission was.

Kelly Guenther for The New York Times

SECOND PLANE United Airlines Flight 175 nearing the trade center's south tower.

There were indications that the hijackers on at least two of the planes were armed with knives. Attorney General John Ashcroft told reporters in the evening that the suspects on Flight 11 were armed that way. And Barbara Olson, a television commentator who was traveling on American Flight 77, managed to reach her husband, Solicitor General Theodore Olson, by cell phone and to tell him that the hijackers were armed with knives and a box cutter.

In all, 266 people perished in the four planes and several score more were known dead elsewhere. Numerous firefighters, police officers and other rescue workers who responded to the initial disaster in Lower Manhattan were killed or injured when the buildings collapsed. Hundreds were treated for cuts, broken bones, burns and smoke inhalation.

But the real carnage was concealed for now by the twisted, smoking, ash-choked carcasses of the twin towers, in which thousands of people used to work on a weekday. The collapse of the towers caused another World Trade Center building to fall 7 hours later, and several

Continued on Page A14

Awaiting the Aftershocks

Washington and Nation Plunge Into Fight With Enemy Hard to Identify and Punish

By R. W. APPLE Jr.

News Analysis

WASHINGTON, Sept. 11 — Today's devastating and astonishingly well-coordinated attacks on the World Trade Center towers in New York and on the Pentagon outside of Washington plunged the nation into a warlike struggle against an enemy that will be hard to identify with certainty and hard to punish with precision.

The whole nation — to a degree the whole world — shook as hijacked airliners plunged into buildings that symbolize the financial and military might of the United States. The sense of security and self-confidence that Americans take as their birthright suffered a grievous blow, from which recovery will be slow. The aftershocks will be nearly as bad, as hundreds and possibly thousands of people discover that friends or relatives died awful, fiery deaths.

Scenes of chaos and destruction evocative of the nightmare world of Hieronymus Bosch, with smoke and debris blotting out the sun, were carried by television into homes and workplaces across the nation. Echoing Franklin D. Roosevelt's description of the attack on Pearl Harbor as an event "which will live in infamy," Gov. George E. Pataki of New York, a Republican, spoke of "an incredible outrage" and Senator Charles E. Schumer of New York, a Democrat, spoke of "a dastardly attack."

But mere words were inadequate vessels to contain the sense of shock and horror that people felt.

As Washington struggled to regain a sense of equilibrium, with warplanes and heavily armed helicopters crossing overhead, past and present national security officials earnestly debated the possibility of a Congressional declaration of war — but against precisely whom, and in what exact circumstances? Warships were maneuvering to protect New York and Washington. The North American Air Defense Command, which had seemed to many a relic of the cold war, adopted a pos-

Continued on Page A24

MORE ON THE ATTACKS

Titelseite der New York Times vom 12. September 2001.

Das Unvorstellbare

N. R. Kleinfield

Es war ein Spätsommertag, der zunächst nur allzu schön zu beginnen schien, doch bald darauf nur allzu schrecklich endete. Die Menschen auf den Straßen trugen kurzärmelige Hemden und leichte Stoffe, genossen die laue Luft und den kristallklaren Himmel, einige von ihnen schlenderten gemächlich zu den Wahllokalen. Es war der Tag der ersten Runde zur Wahl des Bürgermeisters von New York, aber wozu hetzen bei diesem Wetter? Innerhalb der nächsten zwei Stunden sollte alles so unglaublich entsetzlich werden, dass man es niemals wieder vergessen kann. Zuerst war da dieses Geräusch, ein allzu vertrautes, alltägliches Geräusch: ein Flugzeug am Himmel. Aber selbst in dieser lautesten aller Städte war dieses Geräusch zu laut, das Flugzeug viel zu tief. Die Linienmaschine schlug krachend hoch oben in den Nordturm des World Trade Center. Für die Menschen in der Nähe hörte es sich wie ein schlimmer Autounfall an, auch wenn die Erde erzitterte. Es war 8.46 Uhr früh, einige lagen an diesem Morgen noch im Schlaf.

LONNIE SCHLEIN/NYT

Blick von der 25th Street East.

Die Menschen auf den Bürgersteigen starrten auf die Flammen und den Rauch, die aus dem ausgefransten Loch in der Fassade des Gebäudes schossen. Sie konnten das Geschehene kaum begreifen, glich es doch fast einer Szene aus einem Actionfilm. Nur sechzehn Minuten später rammte das zweite Flugzeug die Zwillingstürme und explodierte in einem weiteren gewaltigen Feuerball und einer fürchterlichen Rauchwolke. Alle erkannten die schreckliche Wahrheit: Dies war kein Unfall, sondern ein verwegener, sorgfältig geplanter Terroranschlag.

Der Eindruck des Unwirklichen wich dem Unvorstellbaren. Irgendetwas schien aus den höchsten Stockwerken der Türme zu flattern, es mussten Vögel sein, aber entsetzlicherweise waren es Menschen, die in den Tod sprangen, wobei ihre Kleider und Hosen im Luftstrom flatterten, einige hielten während des raschen Sturzes die Hände gefaltet. Ein Feuerwehrmann starb, als ein Herabstürzender auf ihn fiel. Augenzeugen verschlug es den Atem. Manche übergaben sich.

Nach nicht einmal einer Stunde ertönte ein dumpfes Grollen, der klare Himmel verdunkelte sich rasch, als hätte jemand die Sonne ausgelöscht. Es war Vormittag unter einem nächtlichen Himmel. Der einst so mächtige Südturm brach in sich zusammen. Ein heftiges Tosen begleitete die dicken, schwarzen Rauchschwaden, als sie durch die umliegenden Straßen getrieben wurden. Der Boden erbebte. Beton, Glas, Stahl, ein kompletter Wolkenkratzer prasselten hernieder. Tausende gerieten in Panik, blind und nach Atem ringend, rannten sie um ihr Leben. Frauen flohen ohne Schuhe. Menschen ließen ihre Aktenkoffer, Brieftaschen und Mobiltelefone fallen. Asche überzog ihre Kleider und ihre Haut, als trügen sie Gespensterkostüme. Auf ihrer Flucht schnappten sich die Menschen Flaschen von den verlassenen Imbiss-Ständen, um sich mit dem Wasser zu übergießen. Überall waren Geschäftspapiere, wirbelten bis in die angrenzenden Stadtteile Brooklyn, Queens und Staten Island. Turmtrümmer stürzten wasserfallartig in Bürogebäude und Apartmenthäuser, deren Fenster offen standen, um die morgendliche Wärme einzulassen. Ein Computer fiel vom Himmel und plumpste auf ein Bett in einem Apartment in der Nähe.

Nachdem sich der Rauch verzogen hatte, die Menschen sich den Staub aus den Kleidern und Haaren geschüttelt hatten, war da diese Leere. Ein niederschmetternder Anblick bot sich ihnen, denn es gab nichts mehr zu sehen – eine Lücke, dort, wo der Turm gestanden hatte. Die Menschen dachten noch, er sei da, sie könnten ihn bloß nicht sehen. Wie könnte er nicht mehr da sein?

Dann herrschte eine unheimliche Stille. Einhundertzehn Stockwerke waren nur noch Schutt. In Sekunden verschwunden. Neunundzwanzig Minuten später geschah dasselbe noch einmal, als der daneben stehende Nordturm in sich zusammensackte. Derselbe Rauch und dasselbe Herniederprasseln von Trümmern, dasselbe ungläubige Staunen, dieselbe Leere. Und die Stille. Alles war viel zu still. Ein Triebwerk lag in der Church Street, mehrere Blocks nördlich der Einsturzstelle der beiden Türme.

JUSTIN LANE FÜR NYT

Die John Street nach dem Einsturz der beiden Türme.

Der Anschlag war zu gewaltig, um ihn begreifen zu können. Fast dreitausend Menschen waren zermalmt worden, unter ihnen Hunderte von Feuerwehrleuten und Polizisten, die die Treppenschächte in der selbstlosen Hoffnung hinaufgeeilt waren, anderen heraushelfen zu können. Doch nun hörte man, dass ein weiteres Flugzeug das Pentagon getroffen habe. Ein viertes sei in Pennsylvania abgestürzt. Andere waren noch irgendwo in der Luft, man wusste nicht, wo. Kamen sie auch hierher? War man überhaupt noch irgendwo sicher? Da man keine Antwort wusste, wuchs das Entsetzen. Jagdflugzeuge flogen schützend über New York hinweg, doch einige hielten auch sie für Killerkommandos. Verschreckte Menschen strömten in wilder Flucht über die Brooklyn Bridge. Niemand würde Brooklyn angreifen, oder? Aber noch kannte niemand den Feind, wusste niemand, ob Methode hinter diesem Wahnsinn steckte.

In der Welthauptstadt der Kommunikation versuchten die Menschen verzweifelt, miteinander zu kommunizieren, aber die Telefonleitungen waren überlastet und machten eine Verbindung unmöglich. Benommen stolperten die Überlebenden aus den beiden Türmen die Straßen entlang. Die Menschen saßen in geparkten Autos, hatten die Türen und Fenster aufgerissen, das Radio auf die Nachrichtensender eingestellt. Dutzende scharten sich um sie, um zu erfahren, was vor sich ging, aber alles war so unklar, und es wurde spekuliert. Überall machte sich Angst breit, und niemand fühlte sich mehr sicher. Sanitäter fuhren in einem spontan organisierten Blutspendeaufruf durch die Straßen, um Freiwillige mit ins Krankenhaus zu nehmen. Viele kamen, und letztendlich hatte man zu viel Blut für zu wenige Verletzte.

Und es war erst Vormittag, noch ein ganzer Tag stand bevor. In den endlosen Stunden nach dem Verschwinden der Zwillingstürme wussten viele nicht, was sie tun sollten. Sie wussten nicht, wohin sie gehen oder was sie sagen sollten. Ihre Welt war aus den Fugen geraten. Während sie sich das entsetzliche Ausmaß des Ereignisses vor Augen hielten, schreckten sie vor dem Gedanken an die mögliche Zahl der Todesopfer zurück. Aber die Menschen lernten, die ihnen nahe Stehenden fester in die Arme zu nehmen und sich mehr umeinander zu kümmern.

Am schwärzesten Tag in der Geschichte New Yorks brach schließlich die Nacht über eine veränderte Stadt herein. Es war eine geschwächte und erstarrte Stadt, eine Stadt, die den Halt verloren hatte, eine verängstigte Stadt, die große Verluste erlitten hatte. Die Zugänge waren gesperrt, und die Flugzeuge blieben am Boden. Die Menschen verschlossen die Türen und versuchten, ruhig zu bleiben, wenn sie das Aufheulen der Sirenen hörten. Lower Manhattan wirkte niedriger, nun da sein Turmpaar verschwunden war. Die Feuer brannten. Und in Tausende von Wohnungen und Häusern kehrten Väter und Mütter, Söhne und Töchter nicht zu den Trauernden heim. Nun kannten sie den Tod und hatten dem Bösen ins Antlitz geblickt.

GIOVANNI GIANNONI

United-Airlines-Flug 175 schlägt in den Südturm ein.

Die Explosion im Südturm. Im Vordergrund die Brooklyn Bridge.

STEVE LUDLUM

MICHELLE V. AGINS/NYT

Es war einer dieser Augenblicke, der die Geschichte trennt; nach ihm definieren wir Zeitgeschehen als »davor« und »danach«.

Leitartikel
12. SEPTEMBER 2001

BRIAN MANNING

Jenen, die aus dem Herzen der einstürzenden Türme des World Trade Centers zu fliehen versuchten, kam allmählich der furchtbarste aller Gedanken: Sie waren nirgendwo sicher.

N. R. Kleinfield
12. September 2001

Kurz nach dem Einschlag des Flugzeugs schaut eine Frau (am unteren Bildrand links von der Mitte) aus dem Nordturm.

Die verzweifelte Flucht

Als am Dienstag um 8.46 Uhr der erste Linienjet in das World Trade Center 1 einschlug, war den Menschen im World Trade Center 2, die das gegenüber ausbrechende Inferno unmittelbar vor Augen hatten, mit einem Schlag klar, was sie zu tun hatten: raus hier, und zwar schnell.

Katherine Ilachinski, die von der Hitze- und Druckwelle der Explosion im Nachbarturm von ihrem Stuhl gerissen wurde, war eine von ihnen. Trotz ihrer 70 Jahre nahm die im 91. Stock von Turm 2 arbeitende Architektin die Treppen. Zwölf Stockwerke über ihr stieß die leitende Angestellte Judy Wein einen Schrei aus und machte sich ebenfalls auf den Weg.

Andere jedoch auf den 110 Etagen, von denen viele den angerichteten Schaden gegenüber gar nicht sehen konnten und daher auch nicht genau wussten, was vor sich ging, waren sich nicht so sicher. Und die sechzehn Minuten bis zum Einschlag des zweiten Flugzeugs verstrichen unaufhaltsam.

Die Freunde und Kollegen diskutierten, ob es klug wäre zu gehen, und überboten sich dabei mit fachkundigen Meinungen oder demonstrierten Gelassenheit. In all der Unsicherheit wiesen offizielle Durchsagen im Südturm die Menschen an, auf ihren Plätzen zu bleiben, und beruhigten sie. Das Gebäude sei sicher und die Gefahr auf den anderen Turm beschränkt.

Einige brachen auf, andere blieben. Einige befanden sich schon auf der Treppe, als sie erneut Anweisungen hörten, dass sie bleiben oder umkehren sollten, und gingen wieder hinauf. Die Entscheidungen, die in diesen Augenblicken getroffen wurden, erwiesen sich als folgenschwer, denn das Schicksal jener, die sich zum Bleiben entschlossen, war besiegelt, als der zweite Jet in den Südturm raste, viele tötete und noch viel mehr Menschen in den Stockwerken oberhalb der Einschlagstelle einschloss.

Zweifellos verlief vor allem im World Trade Center 1 die Evakuierung sehr gut, wo die Menschen einander voller Mut und Besonnenheit halfen. Bis zur 88. Etage des Nordturms gelang es Vielen, sich den Weg über Trümmer nach unten zu bahnen und sich in Sicherheit zu bringen. In den überfüllten Treppenschächten rückten die Menschen zur Seite, um Brandopfer schneller vorbeizulassen. Feuerwehrmänner eilten nach oben. Nach Auskunft von Beamten der Hafenbehörde wurde eine beachtliche Anzahl von Personen innerhalb einer Stunde evakuiert, etwa doppelt so viele wie bei Übungen.

Michael Moss und Charles V. Bagli
13. September 2001

RUTH FREMSON/NYT

In der Vesey Street: Nach der Flucht aus den Türmen wussten die Menschen nicht, wohin sie laufen sollten.

SHANNON STAPLETON/REUTERS

Evakuierung am Fuß des Nordturms.

Menschen, die in den oberen Stockwerken des Nordturms eingeschlossen sind, lehnen sich aus den Fenstern und rufen um Hilfe.

THOMAS DALLAL FÜR NYT

Kein Entrinnen

Es wurde immer schlimmer. Das Grauen schwappte in immer neuen Wellen lähmenden Entsetzens heran. Es zeigte sich zuerst im Beben des Bodens, in heftigen Explosionen, splitternden Fensterscheiben. Ohne es begreifen zu können, erkannte man ein klaffendes, brennendes Loch im ersten der beiden hoch aufragenden Türme, und dann wiederholte sich das Ganze noch einmal in seinem Zwilling. Und dann war da der grausame Anblick von Körpern, die zum Teil brennend in die Tiefe stürzten.

N. R. Kleinfield
12. SEPTEMBER 2001

Ein Mann stürzt aus dem Nordturm.

Feuer und Asche

RICHARD DREW/ASSOCIATED PRESS

Oben und rechts: Der Südturm, der zuerst einstürzte, sackt um 9.59 Uhr in sich zusammen.

Zuerst ein harter Schlag, und dann hörte es sich seltsamerweise wie ein Wasserfall an, als Tausende von Glasscheiben an der Nordseite des Turmes zersplitterten. Dann hob ein langsames, anschwellendes Grollen an, wie heranrollender Donner, das nicht aufhören wollte, während der Turm zu Boden stürzte.

David Rohde
16. SEPTEMBER 2001

Nie zuvor ist ein derart hohes Gebäude eingestürzt.

Eduardo Kausel
Massachusetts Institute of Technology
12. SEPTEMBER 2001

Nach Auskunft der Experten haben vermutlich die hohen Temperaturen von mehr als 500 bis 1 100 °C die Stahlträger aufgeweicht. Das ließ die Außenwände einknicken, so dass die darüber liegenden Stockwerke nahezu senkrecht abstürzten. In einer Art Kettenreaktion gaben dann die unteren Teile des Gebäudes nach. »Es gibt keine Konstruktion, die einem derartigen Anschlag standhielte«, äußerte sich ein Experte.

James Glanz
12. SEPTEMBER 2001

Erschütterungen

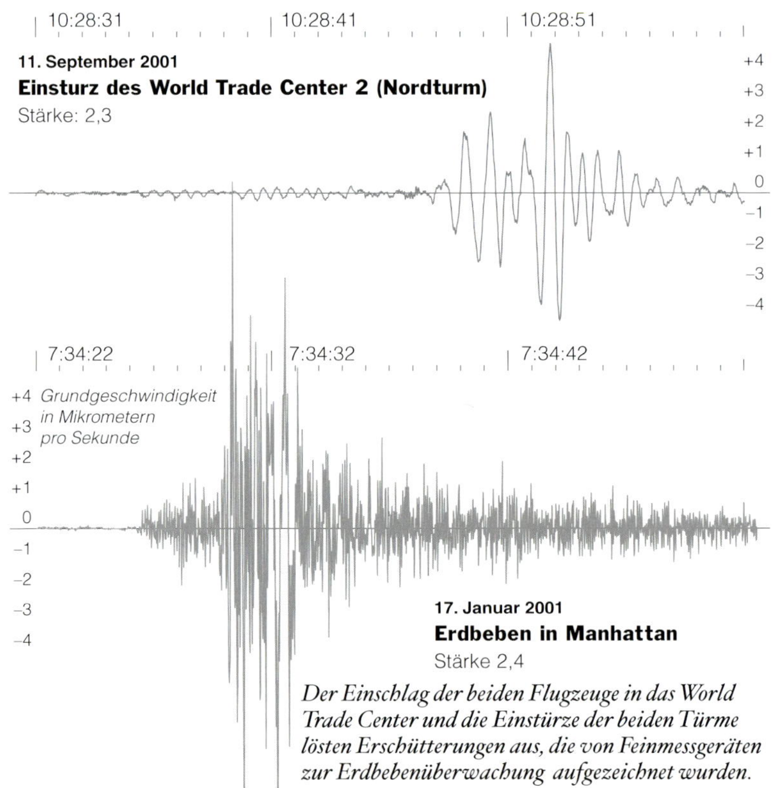

Der Einschlag der beiden Flugzeuge in das World Trade Center und die Einstürze der beiden Türme lösten Erschütterungen aus, die von Feinmessgeräten zur Erdbebenüberwachung aufgezeichnet wurden.

QUELLE: LAMONT-DOHERTY ERDOBSERVATORIUM DER COLUMBIA UNIVERSITY THE NEW YORK TIMES

JEFF CHRISTENSEN/REUTERS

Sie sehen den Nordturm einstürzen.

ANGEL FRANCO/NYT

Augenzeugen des Grauens

Am gestrigen Morgen sahen die Menschen in Lower Manhattan in Stunden des panischen Entsetzens das Unaussprechliche, das Unbegreifliche, das Unvorstellbare. »Ich weiß nicht, wie das Tor zur Hölle aussieht, aber so in etwa muss es wohl sein«, sagte John Maloney, Sicherheitsdirektor einer Internetfirma im World Trade Center. »Ich bin Vietnamveteran, aber so etwas habe ich noch nie gesehen.«

N. R. Kleinfield
12. September 2001

SUZANNE PLUNKETT/ASSOCIATED PRESS

Menschen in der Fulton Street auf der Flucht vor dem einstürzenden Turm.

MARILYNN K. YEE/NYT

In der Barclay Street unweit des Broadway West.

AMY SANCETTA/ASSOCIATED PRESS

In der Ann Street.

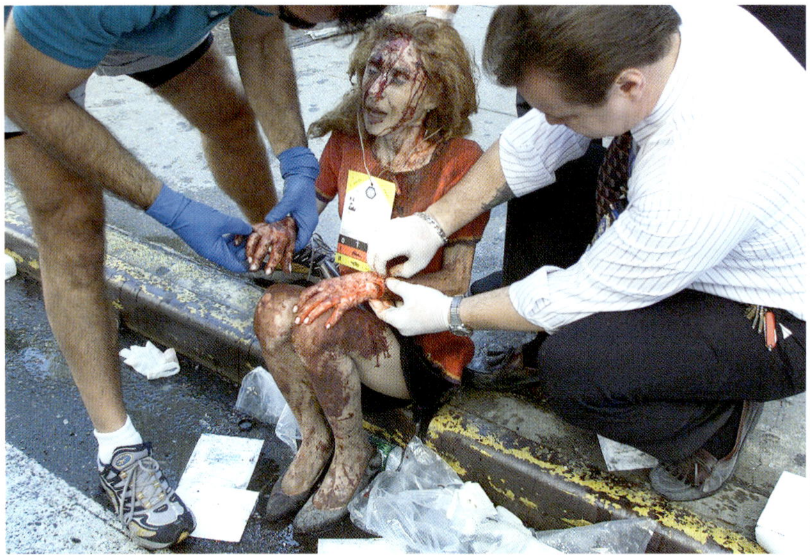

RUTH FREMSON/NYT

Vor der Trinity Church in der Church Street.

ANDREA MOHIN/NYT

Auf der Brooklyn Bridge.

RUTH FREMSON/NYT

Vor der Trinity Church.

RUTH FREMSON/NYT

Das Lebensmittelgeschäft Stage Door Deli in der Vesey Street.

Nachbeben

Die New Yorker standen unter Schock, sie waren völlig verwirrt, beim geringsten Anlass brachen sie in Tränen aus oder reagierten spontan überaus hilfsbereit. Die Menschen liefen durch Midtown ohne ihr übliches »Geh-mir-aus-dem-Weg«-Gebaren. Sie hörten Radio. Sie schnappten von Fremden aktuelle Nachrichten auf. Sie sprachen eindringlich in ihre Handys. Sie warteten geduldig in langen Schlangen – kein Schubsen, kein ungeduldiges Wort – vor den Telefonzellen an den Straßenecken. Jene, die zu Hunderten im Freien vor den riesigen Fernsehleinwänden saßen oder standen, waren mucksmäuschenstill. Dies war kein Augenblick für Smalltalk.

Jim Dwyer und Susan Sachs
12. September 2001

Freiwillige stärkten sich mit Brötchen von Burger King, Starbucks-Keksen und anderen Nahrungsmitteln aus den Restaurants mit den zerbrochenen Glasfassaden. Feuerwehrmänner spritzten das American-Express-Gebäude in der Vesey Street ab, um den Staub von der eleganten Lobby fernzuhalten, die nun als behelfsmäßiges Notaufnahmezentrum diente.

Dan Barry
13. September 2001

Der Rauch verzieht sich, und ein Wehklagen hebt an: »Wo ist es nur? Oh, mein Gott, wo ist es nur?«

N. R. Kleinfield
12. September 2001

Einsturz des Nordturms um 10.28 Uhr.

CHANG W. LEE/NYT

Anatomie des Einsturzes

Nach den Anschlägen bemühten sich Ingenieure, den vermutlichen Ablauf der Zerstörung des World Trade Centers zu rekonstruieren. Veröffentlicht am 11. November 2001.

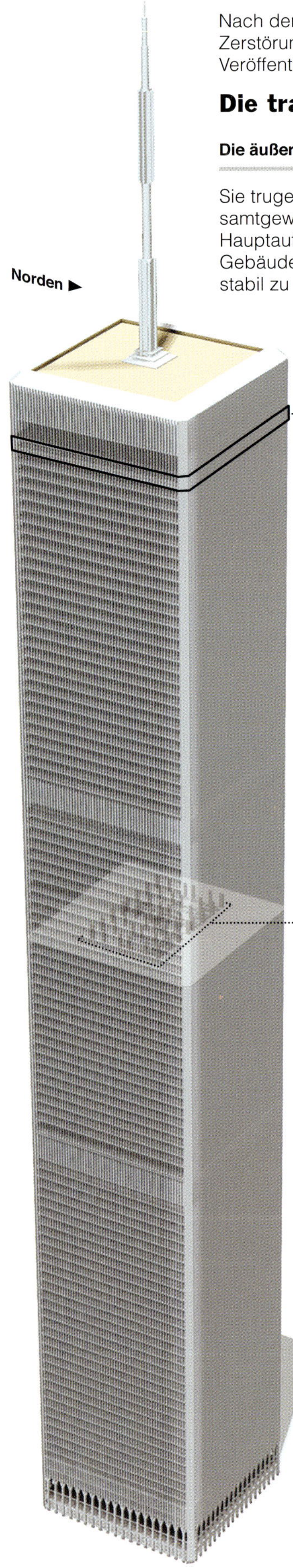

Die tragenden Bauteile

Die äußeren Stützpfeiler

Sie trugen etwa 40 Prozent des Gesamtgewichts des Gebäudes, ihre Hauptaufgabe war jedoch, das Gebäude auch bei Sturm stabil zu halten.

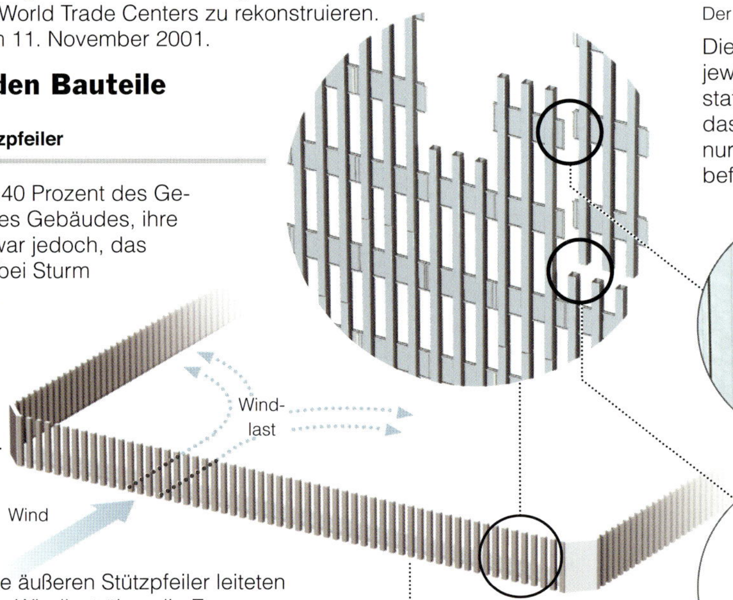

Die äußeren Stützpfeiler leiteten die Windlast über die Etagenböden zu den angrenzenden Seitenwänden und von dort zum Boden.

Der Aufbau der Außenhaut

Die Außenhaut wurde aus Einheiten zu jeweils drei Trägern montiert. Ihre gestaffelte Anordnung gewährleistete, dass sich auf einem Stockwerk jeweils nur ein Drittel der Verbindungspunkte befand.

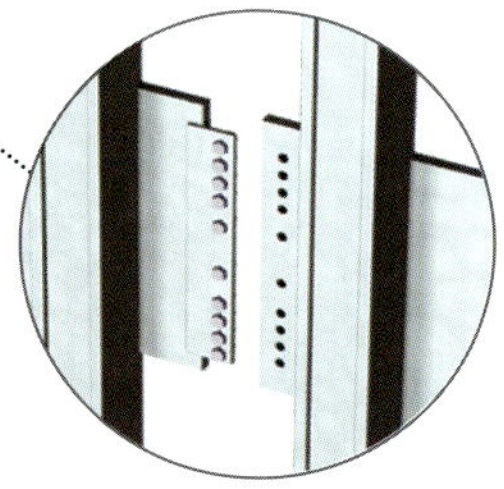

Horizontale Verbindungselemente

Um die Stützpfeiler zu stabilisieren, wurden sie über unterschiedlich dicke Stahlplatten miteinander verbolzt.

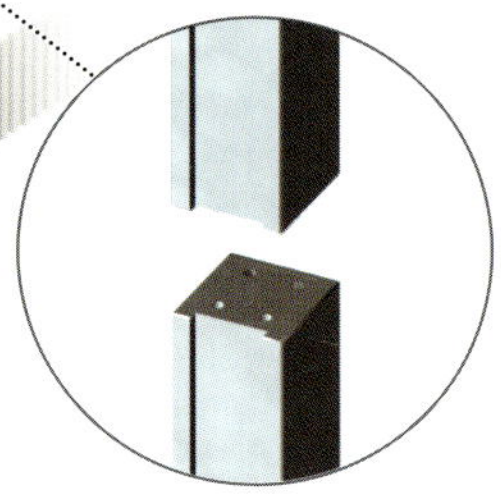

Senkrechte Verbindungselemente

Die äußeren Stützpfeiler wurden verbolzt, einige auch geschweißt.

Die inneren Stützpfeiler

Etwa 60 Prozent des Gewichts des Gebäudes ruhte auf den 47 Stützpfeilern im Inneren. Die Stärke der Stützpfeiler war je nach Stockwerk verschieden: Da höhere Stockwerke ein vergleichsweise geringeres Gewicht tragen mussten, waren die Stützpfeiler dünner.

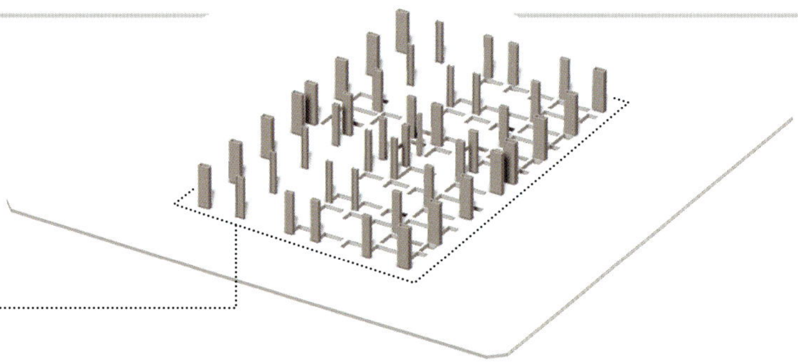

Der Deckenaufbau

Die einzelnen Decken wurden von Stahlkonstruktionen getragen, wobei Deckenabschnitte aus jeweils sechs Trägern montiert wurden.

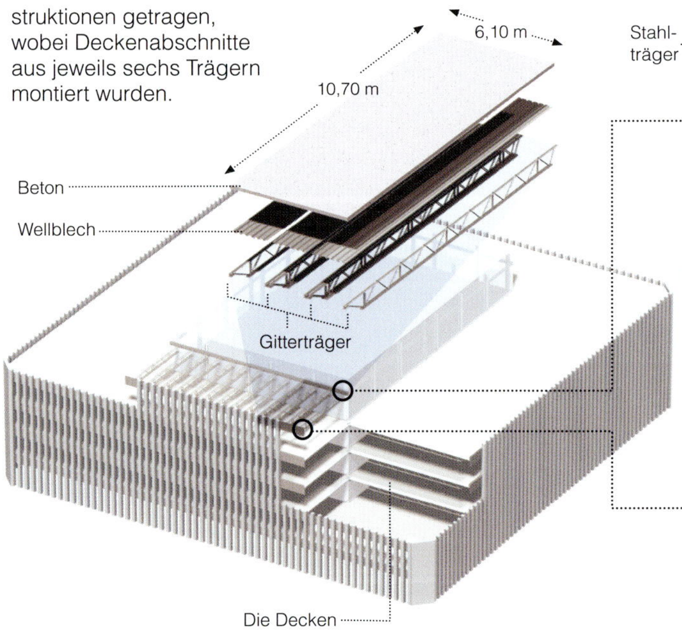

Die Decken dienten auch der Stabilisierung der Stützpfeiler, um Krümmungen zu verhindern.

Die Trägerverbindung zu den inneren Stützpfeilern

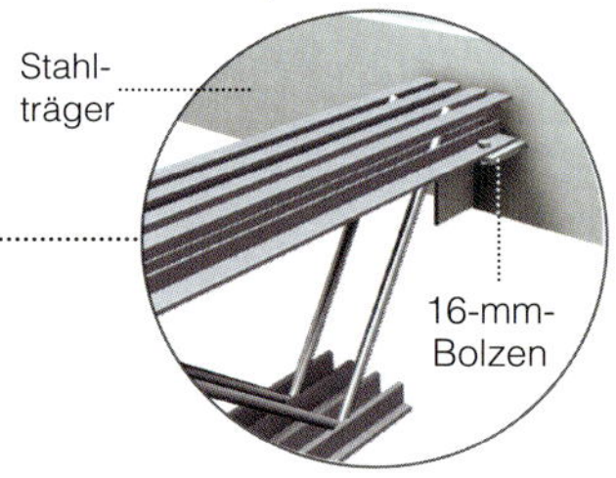

Die Gitterträger waren an leichten Stahlträgern befestigt, die die inneren Stützpfeilern miteinander verbanden. Die Gitterträger ruhten auf Lagern, die an die Stahlträger angeschweißt waren.

Die Trägerverbindung zu den äußeren Stützpfeilern

An das Ende der Gitterträger wurden kleine Stahlplatten geschweißt, die mit kleinen Lagern an den Stützpfeilern verbolzt wurden.

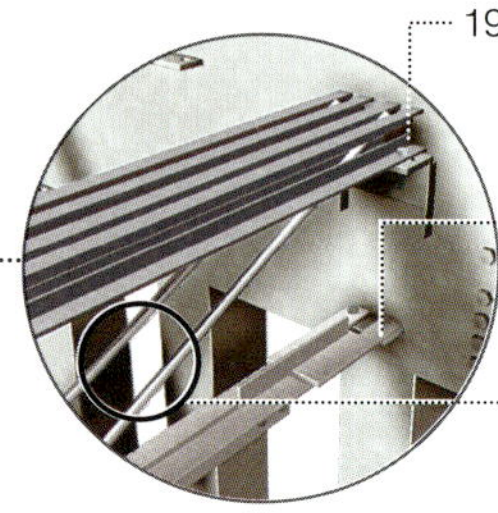

Dämpfer halfen, Schwingungen des Gebäudes aufzufangen.

Zwei Stahlstangen von jeweils etwas mehr als 2,5 cm Durchmesser verliefen zickzackförmig an der Unterseite.

Was den Nordturm zum Einsturz brachte

Auch wenn die beiden Türme nicht auf exakt dieselbe Weise einstürzten, so verdeutlicht eine genaue Untersuchung des Zusammenbruchs des Nordturms die Hauptursachen beider Einstürze.

Der Einschlag in den Turm

Um 8.46 Uhr rast eine Boeing 767 mit rund 38000 Litern Kerosin an Bord in die nördliche Fassade und übt dabei Kräfte aus, die einem Gewicht von rund 12500 Tonnen entsprechen. Es folgt eine gewaltige Explosion, und Feuer bricht aus.

Die Stützpfeiler

Der Einschlag verursacht schwere Schäden an der Konstruktion. Zwischen dem 94. und 99. Stockwerk werden etwa 35 äußere Stützpfeiler weggerissen und Teile der Decken zwischen diesen Etagen zerstört. Dabei lösen sich auch Teile der feuerfesten Ummantelung der Stützpfeiler und Gitterträger.

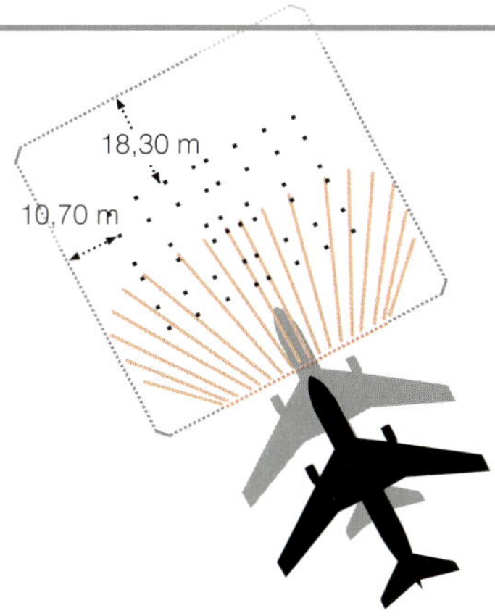

Etwa ein Drittel der Energie des Aufpralls ist verbraucht, als die Flugzeugtrümmer auf die inneren Stützpfeiler treffen. Schätzungen zufolge wurden nicht einmal die Hälfte der inneren Stützpfeiler ernsthaft in Mitleidenschaft gezogen.

Vierendeel-Stahlkonstruktion

Die tragenden Teile oberhalb und neben der beschädigten Stelle in der Außenhaut wirken wie eine Bogenkonstruktion, was von den Ingenieuren »Vierendeel-Stahlkonstruktion« genannt wird. Dabei wird die Last um das Loch herum und über die seitlich verbliebenen Stützpfeiler verteilt. Das Gebäude steht noch insgesamt 102 Minuten und ermöglicht so vielen Menschen die Flucht.

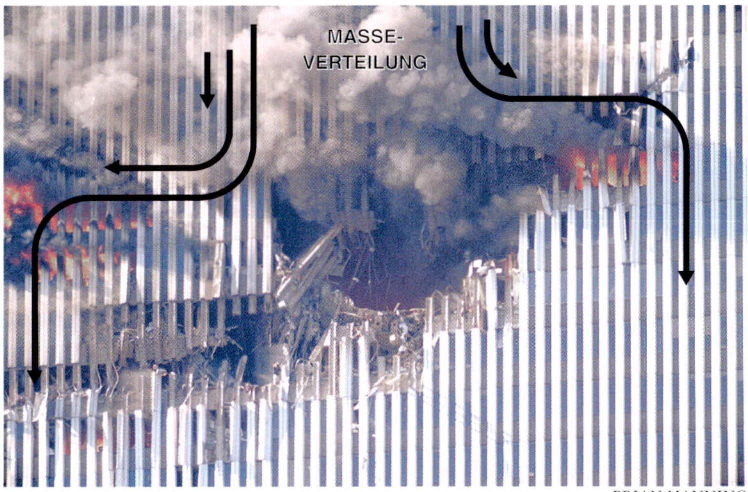

BRIAN MANNING

In der Zwischenzeit jedoch entwickeln sich durch das brennende Kerosin und andere Materialen Temperaturen von über 600 °C, eine Hitze, bei der Stahl allmählich an Tragfähigkeit verliert. Das Gewicht des Gebäudes an der Einschlagstelle und darüber beträgt etwa 40000 Tonnen.

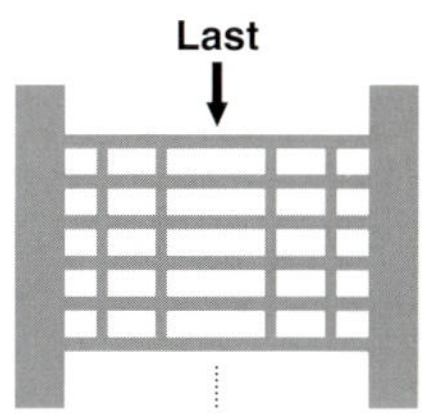

Vierendeel-Stahlkonstruktion

Der Einsturz

❶ Die stählernen Gitterträger sind im Fall eines Brandes besonders gefährdet, da sie im Verhältnis zu ihrem Volumen eine große Oberfläche haben, so dass sie sich schnell aufheizen. Extreme Hitze macht den Stahl weich.

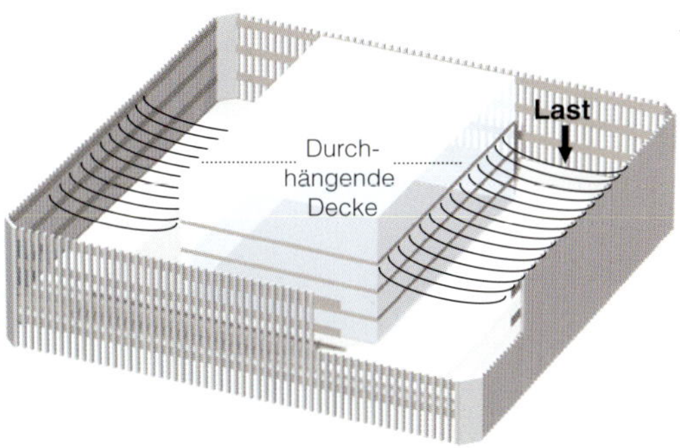

Wenn die Decken nachgeben, zerren sie an ihren Halterungen, die sich so von den inneren und äußeren Stützpfeilern lösen können.

❷ Die vom Feuer bereits angegriffenen äußeren Stützpfeiler werden ihres seitlichen Halts beraubt und knicken mit katastrophalen Folgen ein.

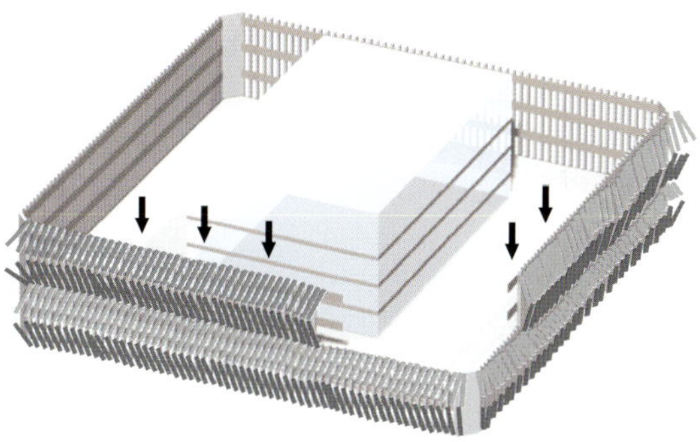

Der obere Teil des Gebäudes sackt ab, und das gesamte Gebäude stürzt innerhalb von etwa 12 Sekunden in sich zusammen. Ein Stein hätte 9,2 Sekunden bis zum Boden gebraucht.

Quellen: Leslie E. Robertson Associates; Hafenbehörde; Skilling Ward Magnusson Barkshire; Dr. Yogesh Jaluria, Rutgers University; Dr. Eduardo Kausel, M.I.T.; Dr. Tomasz Wierzbicki, M.I.T.; International Federation of Air Line Dispatchers' Associations

STEVE DUENES UND MIKA GRÖNDAHL/NYT

Nach dem Einsturz des World Trade Center 7 um 17.28 Uhr wirkt das Woolworth Building umso höher.

TING-LI WANG/NYT

Feuerwehrleute bei der Arbeit in den Trümmern von World Trade Center 7.

TING-LI WANG/NYT

Blick von der U-Bahn-Haltestelle Cortland Street.

JUSTIN LANE FÜR NYT

INMITTEN DER RUINEN

»Diese Taten konnten Stahl zerschmettern, doch die stählerne Entschlossenheit Amerikas können sie nicht erschüttern.«

PRÄSIDENT GEORGE W. BUSH
12. SEPTEMBER 2001

Der ganze Block liegt in Schutt und Asche. Es sieht nicht im geringsten danach aus, als ob man da noch jemanden rausholen könnte.«

Dr. David Nagel
New York University Downtown Hospital
16. September 2001

JUSTIN LANE FÜR NYT

KRISTA NILES/NYT

Feuerwehrmänner der Einheit 21 umarmen einen Kollegen, der einen Verwandten ebenfalls von der Feuerwehr vermisst.

Hilfskräfte bergen den Leichnam von Mychal F. Judge, Franziskanermönch und Kaplan der Feuerwehr von New York City.

SHANNON STAPLETON/REUTERS

Unschätzbarer Verlust

Erschütterte Feuerwehrleute und Polizisten verbrachten einen Großteil des Tages mit der Suche nach ihren im Trümmerschutt vermissten Kollegen. Trauernd und mit der Neuverteilung von Aufgaben beschäftigt, versuchten die Männer mit dem Verlust so vieler ranghoher Einsatzkräfte zurechtzukommen.

Kevin Flynn
13. September 2001

Bilder von einer Überwachungskamera des Pentagon. Aufgrund einer Fehlfunktion des Systems wurden im Bild falsche Zeit- und Datumsangaben eingeblendet.

Der Anschlag auf das Pentagon

Als das Pentagon getroffen wurde, waren viele der über 20 000 zivilen und militärischen Mitarbeiter dort bereits aufs Äußerste angespannt. Die Nachrichten von den Einschlägen im World Trade Center hatten sich auf den Korridoren wie Lauffeuer verbreitet, und in den Büros schienen sämtliche Fernsehgeräte eingeschaltet zu sein. Militärische wie zivile Angestellte starrten ungläubig auf die Bilder der beiden in Rauch gehüllten Türme.

Als makabre Vorahnung erwies sich die Äußerung von Mike Slaters, einem ehemaligen Soldaten der Marines, gegenüber seinen Kollegen: »Als Nächstes sind wir dran.«

Dann erbebte das Pentagon, das so gebaut worden war, dass es terroristischen Anschlägen standhalten sollte, wie eine altersschwache Achterbahn. Ein Teil des Gebäudes stürzte ein und ging in Flammen auf. »Es hörte sich an wie Donnergrollen«, erzählte Slater, der knapp 500 Meter von der Stelle entfernt war, an der der Jet in den Westflügel der Anlage raste. »Ich wusste, dass das eine Bombe oder so etwas war.«

Don van Natta und Lizette Alvarez
12. September 2001

Die verheerenden und bemerkenswert gut koordinierten Anschläge des heutigen Tages auf die Türme des World Trade Center in New York und das unweit von Washington liegende Pentagon haben Amerika in einen kriegsähnlichen Zustand gestürzt, in dem es schwer sein wird, den Feind eindeutig zu identifizieren und gezielt zu bestrafen.

R. W. Apple Jr.
12. September 2001

Am 11. September raste American-Airlines-Flug 77 in das Pentagon, eine der am besten gesicherten Militäreinrichtungen der Welt. Die Feuer im Westflügel der Anlage brannten bis zum 12. September, doch mehr als die Hälfte der Büros blieb intakt.

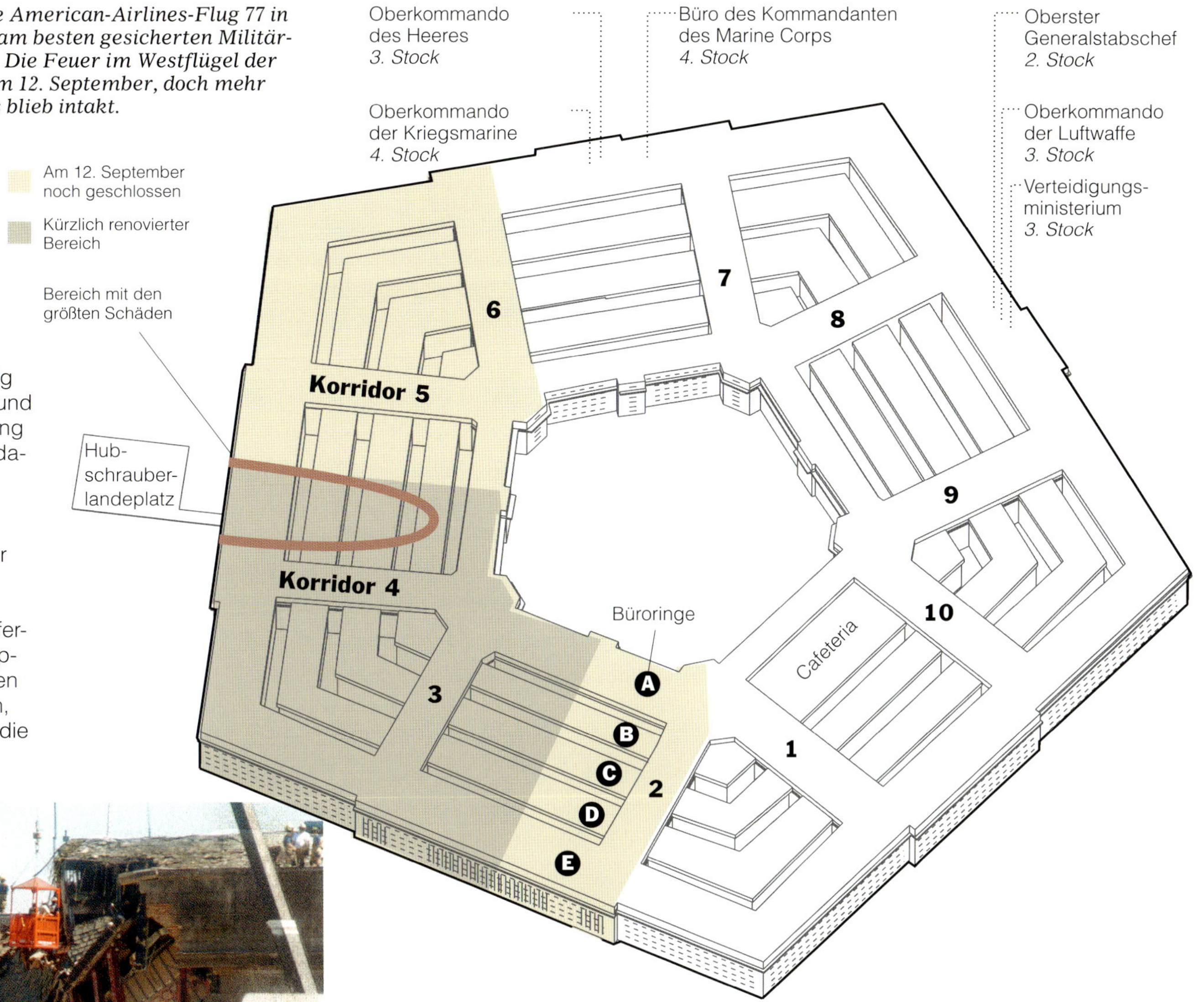

Der Schaden

Ein Teil des äußersten Rings stürzte vollständig ein, wobei auch die 1. und 2. Etage bis hin zum Ring B schwerste Schäden davontrugen.

Die Brände

Sprecher der Feuerwehr gaben an, dass die Schwierigkeit darin bestand, durch das Schieferdach zu den am 12. September noch brennenden Bereichen vorzudringen, doch am Abend waren die Brände unter Kontrolle.

Eine Reihe von FBI-Agenten sucht am 12. September den Rasen vor dem Pentagon nach Flugzeugtrümmern ab.

Die Suche nach Vermissten und die Bergungsarbeiten

Insgesamt trafen vier Such- und Rettungsmannschaften mit je 60 Mann aus den Counties Fairfax und Montgomery, aus Virginia, Virginia Beach und aus Tennessee ein. Sie wurden zudem von einer technischen Einheit des Militärs und Feuerwehrmännern aus verschiedenen Staaten unterstützt.

Quelle: Verteidigungsministerium

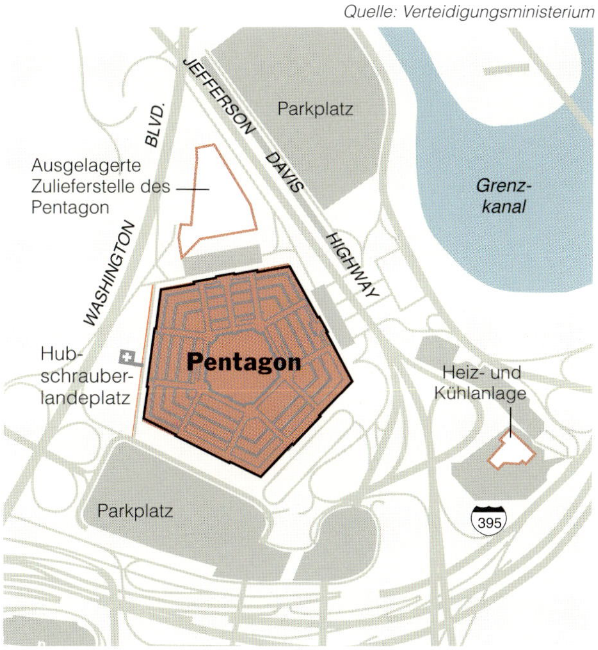

THE NEW YORK TIMES

Die Opfer setzen sich zur Wehr

Sie sagten den Menschen, die sie liebten, dass sie nicht kampflos sterben würden.

In einer Reihe von Telefonaten mit ihren Frauen erfuhren zwei Passagiere von den entsetzlichen Ereignissen am World Trade Center. Sie waren an Bord des Flugzeugs, das auf einem Feld in Pennsylvania niederging, anstatt vermutlich ein weiteres Nationaldenkmal Amerikas zum Einsturz zu bringen. Aus rund 11 000 Meter Höhe berichteten sie der Polizei erschütternde Einzelheiten der Entführung, die gerade vor sich ging. Und sie schworen, dass sie versuchen würden, dem Feind einen Strich durch die Rechnung zu machen, um zu verhindern, dass andere sterben müssten, auch wenn es für sie selbst dabei keine Rettung gab.

Ihre Berichte zeugen bei aller Verzweiflung von ihrer Entschlossenheit zum Widerstand. Angehörige und Freunde sowie ein Abgeordneter, der das Gebiet um die Absturzstelle in Pennsylvania vertritt, priesen die getöteten Passagiere als Patrioten an Amerikas schwärzestem Tag.

»Offensichtlich konnten sie zumindest so viel bewirken, dass das Flugzeug seine Mission nicht erfüllte«, sagte Tom Crowley aus Atlanta, Onkel von Lyzbeth Glick, der Witwe Jeremy Glicks. In einer per E-mail immer weiter verbreiteten Nachricht mahnte Crowley: »Mögen wir Jeremys und der anderen tapferen Menschen an Bord des United-Airlines-Flugs 93 stets als Helden, Soldaten und Amerikaner gedenken, die so mutig und selbstlos ihr Leben einsetzten, um das vieler anderer zu retten.«

Jodi Wilgoren und Edward Wong
13. September 2001

DAVID LLOYD/TRIBUNE-DEMOCRAT, ÜBER ASSOCIATED PRESS

Feuerwehrmänner und Rettungsmannschaften an der Absturzstelle von United-Airlines-Flug 93, etwa 130 Kilometer südöstlich von Pittsburgh.

American-Airlines-Flug 11

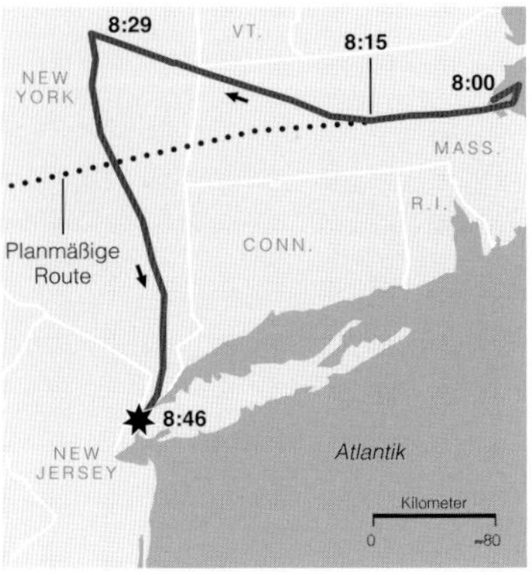

8:00 8:10 8:20 8:30 8:40 8:50

8:00:00 Das Flugzeug startet in Boston mit Ziel Los Angeles.

8:13 Kontrollzentrum Boston: **AAL, fliegen Sie 20 Grad nach rechts.**

AAL 11: **AAL 11 20 nach rechts.**

Lotse: **AAL 11 Steigflug, bleiben Sie dann auf FL350 (35000 Fuß/knapp 11000 m)**

Lotse: **AAL 11 Steigflug, bleiben sie auf FL350.**

Lotse: **AAL 11 Boston.**

8:14:33 Lotse A: **AAL 11, äh, der Flug von American auf dieser Frequenz, können Sie mich hören?**
Lotse B: **Eh, hier spricht Athens.**
A: **Hier spricht Boston. Ich habe den Flug von American 20 nach links geschickt und zum Steigflug aufgefordert. Jetzt antwortet er mir überhaupt nicht mehr.**
B: **Sieht so aus, als würde er nach rechts fliegen.**
A: **Ja, ich habe ihn nach rechts geschickt.**
B: **Ach so, o.k.**
A: **Und er geht nur auf, hm, 29 (29000 Fuß/ 8800 m), glaub ich.**
B: **Klar, das ist in Ordnung.**
A: **Ja, aber ich habe keinen Kontakt zu ihm.**
B: **Er antwortet nicht. Er ist nordo (ohne Funk), Roger. Danke.**

8:24:38 Die Stimmen der Entführer sind zu hören: **Wir haben einige Flugzeuge in unserer Gewalt. Bleiben Sie ruhig, dann passiert Ihnen nichts. Wir kehren zum Flughafen zurück. Wenn sich niemand rührt, passiert keinem was. Wenn Sie sich bewegen, bringen Sie nur sich selbst und das Flugzeug in Gefahr. Bleiben Sie einfach ruhig.**

8:25:00 Der Kontrollturm informiert mehrere Luftfahrtkontrollzentren, dass eine Entführung im Gange ist.

8:33:59 Die Stimmen der Entführer sind zu hören: **Bleiben Sie alle ruhig, wir kehren zum Flughafen zurück. Machen Sie keine Dummheiten.**

United-Airlines-Flug 175

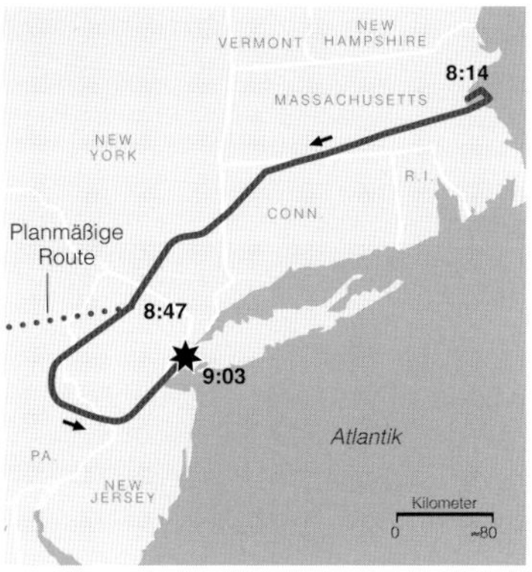

8:14:00 Das Flugzeug startet in Boston mit Ziel Los Angeles.

8:31:04 Flugzeug nimmt Kontakt zum Kontrollzentrum Boston auf.

8:37:08 Lotse bittet den Piloten, nach einem vermissten Flugzeug von American Airlines Ausschau zu halten: **Sehen Sie irgendwelche anderen Flugzeuge? Schauen Sie, äh, etwa nach 12 oder 1 Uhr, äh, etwa 10 Meilen südlich und sagen Sie mir bitte, ob Sie eine 767 von American Airlines sehen können.**

UAL 175: **Bestätige. Wir sehen sie, äh, sieht aus, als wäre sie auf 20, eh, ja 29, 28000 (8800m bzw. 8500 m).**

Lotse: **United 175, fliegen Sie Richtung 5 Uhr, 30 Grad nach rechts. Halten Sie sich von diesem Flugzeug fern.**

8:41:32 Cockpit: **Wir dachten, wir warten erst mal ab, bevor wir Kontakt zu euch aufnehmen. Bei unserem Abflug von Boston haben wir ein verdächtiges Funkgespräch aufgefangen. Jemand hat das Mikro eingeschaltet und sagte: »Bleiben Sie alle auf Ihren Plätzen.«**

Cockpit: **Habt Ihr das auch mitgeschnitten?**

Flugzeug wendet sich nach Absprache mit der Bodenkontrolle nach Südwesten.

American-Airlines-Flug 77

8:20:00 Flugzeug startet vom Flughafen Dulles mit Ziel Los Angeles.

8:25:49 Anweisung, auf eine Höhe von 27000 Fuß (8200 m) zu gehen.

8:37:33 Anweisung, auf eine Höhe von 39000 Fuß (knapp 12000 m) zu gehen, der Pilot bittet jedoch, auf einer Flughöhe von 35000 Fuß (knapp 11000 m) bleiben zu dürfen, und erhält dafür das O.K.

8:50:51 Letzter Funkkontakt zur Maschine.

United-Airlines-Flug 93

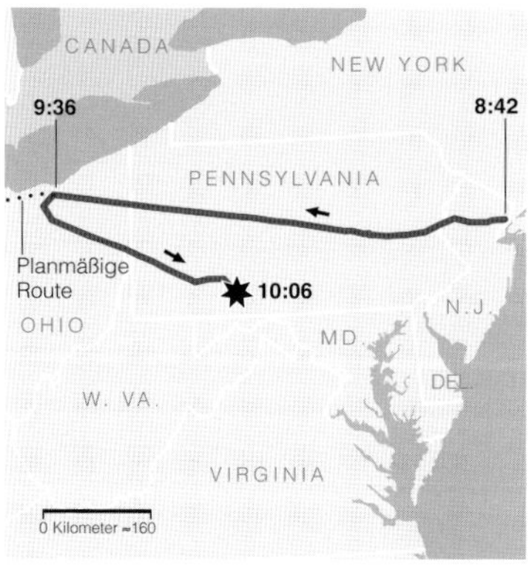

8:42:00 Das Flugzeug startet von Newark mit Ziel San Francisco.

Kurz nach 8:53 sendet ein Flugleiter der United-Airlines-Leitstelle in Chicago eine Textnachricht an 15 Flugzeuge, darunter auch an Flug 93, dass man auf einem anderen Flug von United versucht hat, gewaltsam ins Cockpit vorzudringen. Flug 93 bestätigt den Erhalt der Nachricht.

00 | 9:10 | 9:20 | 9:30 | 9:40 | 9:50 | 10:00

8:46:26 Das Flugzeug schlägt in den Nordturm des World Trade Center ein.

Stimmen vom Himmel

Die Entwicklung der dramatischen Ereignisse der Terrorangriffe des 11. September liess sich über die Funkfrequenzen der Luftfahrtkontrolle von New Hampshire bis Virginia, von Ohio bis Long Island verfolgen. Von den Tonaufzeichnungen in den Kontrollzentren, die mit den vier Flugzeugen Kontakt hatten, wurden für die Ermittler Ausschnitte aufbereitet. Alle Zeitangaben in Ortszeit.

Zeichenerklärung

- Start
- Letzter routinemäßiger Kontakt
- Erste Abweichung von der Flugroute
- Benachrichtigung der Luftverteidigung über die Entführung der Maschine
- Einschlag bzw. Absturz

8:53:23 Lotse: **Wir haben hier vermutlich eine Entführung. Wir haben jetzt gerade einige Probleme.**

9:00:02 Das Flugzeug wird zum letzten Mal in einer Höhe von 18000 Fuß (ca. 5500 m) vom Radar erfasst, als es sich mit knapp 900 Stundenkilometern im Sinkflug befindet.

9:02:54 Das Flugzeug schlägt in den Südturm des World Trade Center ein.

9:02:17 Bei einem zweiten Anruf bei American Airlines sagt der Lotse: **Wir, äh, haben den Kontakt zu dem Burschen verloren. Die von der Küste haben ihn noch, aber wir nicht mehr – wir wissen nicht genau, wo sein Ziel ist (das des Radars), und können ihn nicht mehr ausmachen. Hm, ihr habt auch versucht, Kontakt mit ihm aufzunehmen und habt keine Antwort erhalten ... Ja, wir haben keinen Radarkontakt und, äh, keinen Funkkontakt mehr, also, vielleicht könntet ihr es noch mal versuchen.**

Flugleiter AAL: **Wir versuchen es weiter.**

Lotse: **In Ordnung. Vielen Dank.**

9:06:31 Lotse: **Habt ihr gar keine Spur von ihm gefunden?**
Ein anderer Lotse: **Nein, wir haben die Fluggesellschaft angerufen. Sie können überhaupt keinen Kontakt zu ihm herstellen. Wir haben ihn nicht mehr im Radar, äh, haben keinen Funkkontakt und keine Radaraufzeichnung.**

9:25 Der Lotse bemerkt, dass das Flugzeug Richtung Washington abdreht.

9:33 Der Lotse informiert den Dienst habenden Aufsichtsbeamten, der seinerseits den Secret Service informiert. Es wird beobachtet, wie das Flugzeug genau südlich des Pentagon eine 360-Grad-Kehre fliegt.

9:36 Der National Airport weist ein C-130-Militärflugzeug an, das gerade von der Andrews-Luftwaffenbasis gestartet ist, das Flugzeug zu identifizieren und abzufangen. Die C-130 berichtet, dass es sich um eine Boeing 767 handelt, die tief und sehr schnell fliegt.

9:38 Das Flugzeug rast in den Südwesttrakt des Pentagon.

9:28:19 Erste hörbare Anzeichen für Probleme durch Hintergrundgeräusche im Cockpit.

9:35:09 Flugzeug steigt ohne Genehmigung.

Kurz nach 9:30 rufen zwei Passagiere zum ersten Mal bei ihren Ehefrauen an und sagen, dass drei oder vier Passagiere beraten, wie sie die Entführer aufhalten können. Ein Mann spricht per Notruf auch direkt mit der Flugsicherung und berichtet detailliert von der Entführung. Mehrere andere Passagiere telefonieren per Handy. Nach Aussagen der Ermittler, die den Stimmenrekorder der Maschine auswerteten, lassen die Geräusche auf einen Kampf schließen.

10:00:00 Lotse stellt fest: **Ich glaube er ist auf 7500 (Fuß/2300 m).**

10:06:00 Lotse benachrichtigt über das Bodennetz andere Lotsen, dass Flug 93 am Boden ist.

Grafik von Baden Copeland, Hannah Fairfield, Sarah Slobin, Hugh Truslow und Archie Tse/NYT

Morgen der Verwüstung

Am 11. September um 8.00 Uhr hatte sich eine Lawine von Ereignissen in Bewegung gesetzt, die in den folgenden zwei Stunden die Türme des World Trade Center aus der Skyline von New York auslöschten, die Westseite des Pentagon in Stücke rissen, vier Flugzeuge vom Himmel stürzen ließen und 3049 Menschen töteten. Die folgende Grafik bietet einen Überblick über die Entwicklung der Ereignisse. Alle Zeitangaben in Ortszeit.

7 :35 :40 :45 :50 :55

8 :00 :05 :10 :15 :20 :25 :30 :35 :40 :45 :50 :55

9 :00 :05 :10 :15 :20 :25 :30 :35 :40 :45 :50 :55

American-Airlines-Flug 11 startet in Boston mit Ziel Los Angeles.

United-Airlines-Flug 175 startet in Boston mit Ziel Los Angeles.

American-Airlines-Flug 77 startet in Washington mit Ziel Los Angeles.

United-Airlines-Flug 93 startet in Newark mit Ziel San Francisco.

Flug 11 schlägt in den Nordturm des World Trade Center ein.

Präsident Bush, der sich in Sarasota, Florida, aufhält, wird von den Anschlägen informiert.

Flug 175 schlägt in den Südturm des World Trade Center ein.

Bush verurteilt die Terroranschläge in einer Erklärung.

Die US-Luftfahrtbehörde schließt alle Flughäfen New Yorks.

Brücken und Tunnels nach Manhattan geschlossen.

Die US-Luftfahrtbehörde ordnet die Landung aller Flugzeuge an.

Der Südturm des World Trade Center stürzt ein.

10

:00 :05 :10 :15 :20 :25 :30 :35 :40 :45 :50 :55

11

:00 :05 :10 :15 :20 :25 :30 :35 :40 :45 :50 :55

12

:00 :05 :10 :15 :20 :25 :30 :35 :40 :45 :50 :55

13

:00 :05 :10 :15 :20 :25 :30 :35 :40 :45 :50 :55

Das Weiße Haus wird evakuiert.

Präsident Bush verlässt Sarasota.

Alle internationalen Flüge mit Ziel USA werden nach Kanada umgeleitet.

Der Nordturm des World Trade Center stürzt ein.

Die Bürgermeistervorwahlen in New York werden abgesagt.

Bürgermeister Rudolph W. Giuliani befiehlt die Evakuierung Manhattans südlich der Canal Street.

Das UN-Hauptquartier in New York wird vollständig evakuiert.

Der internationale Flughafen von Los Angeles, das ursprüngliche Ziel von drei der Maschinen, wird evakuiert und geschlossen.

Der internationale Flughafen von San Francisco wird ebenfalls evakuiert und geschlossen.

Präsident Bush hält eine Ansprache von der Luftwaffenbasis Barksdale in Louisiana.

Reuters

Das Pentagon gibt bekannt, dass Kriegsschiffe und Flugzeugträger in der Nähe von New York und Washington Stellung beziehen werden.

Flug 77 rast ins Pentagon.

10:10 Ein Teil des Pentagon stürzt ein.

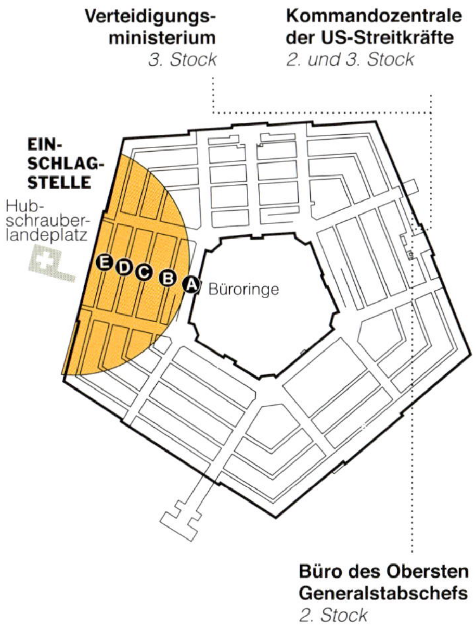

10:06 – Flug 93 stürzt in Shanksville, ca. 130 km südöstlich von Pittsburgh, ab.

Quellen: Korrespondentenberichte; Verteidigungsministerium; Bordcomputer; Flugschreiber

Zeugenaussagen

»Ich hörte das Flugzeug«

Natalia Lesz, *eine einundzwanzigjährige Studentin, die während der Renovierung ihres Apartments in einem Hotel am Union Square wohnte, telefonierte gerade mit ihrer Mutter in Warschau:*
»Um 9.00 Uhr rief ich meine Mutter an und erzählte ihr gerade von einem Typ, den ich kennen gelernt hatte. Ich telefoniere jeden Morgen mit meiner Mutter. Dann hob mein Hund Izzy, ein Malteser, den Kopf. Ich hörte das Flugzeug im siebten Stock des W-Hotels. Ich sagte zu ihr: ›Ich glaube, da ist ein Flugzeug vor meinem Fenster.‹«

Der Einschlag des ersten Flugzeugs

Gregory Downer *ging gerade mit seinem Hund in der Fifth Avenue und der 11th Street spazieren:*
»Da standen zwölf Leute. Wir schauten alle nach oben. Und wir dachten alle, wie ungewöhnlich, dass ein Flugzeug so tief über die Stadt fliegt. Über dem South Village ging es sogar noch tiefer, fast wie eine Rakete, und dann auf den Nordturm zu. Als es dort einschlug, schrien wir alle auf. Wir konnten nicht glauben, was wir da sahen.«

Lakshman Achuthan, *der Geschäftsführer des Economic Cycle Research Institute, befand sich gerade in einer Sitzung im World Trade Center 1:*
»Um 8.00 Uhr gab es Frühstück, und gegen 8.50 hatte Robert Scott, der Präsident von Morgan Stanley, das Wort. Dann war da dieser Schlag, und allen stand das Entsetzen ins Gesicht geschrieben.«

Lynn Simpson, *PR-Direktorin der Agentur Strategic Communications, befand sich gerade im 89. Stock des World Trade Center 1:*
»Ich hörte einen gewaltigen Knall. Die Decke stürzte ein, das Licht ging aus, und die Sprinkleranlagen traten in Funktion. Im Treppenschacht brannte es. Ich forderte alle auf zu gehen. Wir gingen in ein anderes Büro und hörten im Radio, in irgend einer Talkshow, wie die Moderatoren witzelten, ein Kamikazepilot sei ins World Trade Center geflogen, und sie lachten. Während wir dachten, dass wir sterben würden.«

Leonore McKean, *eine Rechtsberaterin von Merrill Lynch, arbeitete gerade in ihrem Büro 222 Broadway unweit der Barclay Street, als das Gebäude erzitterte und sie einen fürchterlichen Knall hörte:*
»Wir sahen Menschen, die von ganz weit oben aus dem World Trade Center sprangen. Es war so entsetzlich. Aber, wenn man die Wahl hat, bei lebendigem Leib zu verbrennen oder bewusstlos in den Tod zu stürzen, was tut man dann?«

Edgardo Villagas *eilte 32 Etagen im World Trade Center 2 hinunter. Als er draußen angekommen war, sah er Menschen vom Himmel fallen:*
»Es sah aus, als werfe jemand mit Stoffpuppen herum. Ihre Körper waren leblos, sie wirbelten in ihren Anzügen einfach so durch die Luft.«

Zwischen den Einschlägen

Sharnise Wingate, *25, Wartungstechnikerin der Firma Verizon, befand sich gerade auf dem Weg zu einem Reparaturauftrag in Brooklyn Heights, als ein Freund sie anrief, um ihr zu sagen, dass einer der Türme getroffen worden sei:*
»Ich sah die Flammen, und wie ein zweites Flugzeug sehr tief angeflogen kam und nach einer scharfen Linkskurve in den zweiten Turm schlug. Ich war verwirrt. Es sah nicht wie ein Rettungsflugzeug aus.«

Lisle Taylor *befand sich gerade auf dem Weg zu ihrer Arbeitsstelle bei Goldman Sachs:*
»Ich kam von der U-Bahn hoch, und überall waren Papierfetzen in der Luft. Ich dachte, das wäre ein Werbefeldzug. Dann hörte ich ein Dröhnen.«

George C. Shea, *37, fuhr gerade in nördlicher Richtung, als kurz hinter dem Brooklyn Battery Tunnel der blaugraue Wagen eines Sportausrüsters vor ihm von einem riesigen Rad getroffen wurde. Er nimmt an, dass es von einem der Flugzeuge stammte:*
»So etwa zweieinhalb bis drei Meter im Durchmesser, und es regnete mit allerlei Schutt herunter, samt Federbein, Fahrwerksstrebe und etwas Metall dran.«

Der Einsturz der Türme

Jim Zamparelli, *54, stand gerade in der Nähe der Stuyvesant High School:*
»Das ist das Grauenvollste, was ich je gesehen habe. Schauen Sie, oh, mein Gott, schauen Sie, da fällt jemand herunter. Ich kann nicht hinsehen. Schauen sie nicht hin. Oh, mein Gott, während wir uns hier unterhalten, stürzt der ganze Turm ein. Lauft weg!«

Keith Vance, *33, stand am Broadway vor der Trinity Church, als er den Turm einstürzen sah:*
»Ich war überrascht, wie lange es dauerte. Es waren vermutlich nur 30 Sekunden, aber es fühlte sich an wie fünf Minuten.«

Auf der Flucht

Mike Diaz Piedras *wurde ein Bein gebrochen, als man ihn nach dem Einschlag des ersten Flugzeugs in der Garage des Hauses 75 Park Place niedertrampelte:*
»Mit einem Schlag drehten sie alle durch. Und ich wurde von einem Mann mit der Statur eines Kühlschranks überrannt.«

Marci Uihlein *aus San Francisco und ihr Freund Joe Morris hatten gerade die New Yorker Börse betreten, als das erste Flugzeug einschlug:*
»Mein ganzes Leben lang wollte ich immer New York City sehen. Aber in diesem Augenblick überlegte ich nur verzweifelt, wie ich hier wieder rauskäme.«

Ereignisse am Rande

Malkie Yadaie, *Besitzerin des Fotogeschäfts Ben-Ness am University Place, erzählte, wie die Leute in den Laden drängten, um Wegwerfkameras zu kaufen:*
»Einige warteten nicht mal auf das Wechselgeld, sie rannten nur wieder raus. Einige schrien.«

Esther Allen *war auf dem Weg zur Public School 41 in der 11th Street West, um ihre beiden Söhne abzuholen, und fand dort Schüler der evakuierten Public School 234:*
»Sie waren völlig durcheinander. Ich versuchte, gute Laune und Heiterkeit zu verbreiten, aber es nützte nichts, sie hatten soviel gesehen.«

Opfer und Retter

Richard Vitale, *ein Feuerwehrmann der Einheit 24, nahm die Fähre von Staten Island zum Schauplatz der Tragödie:*
»Überall lagen Leichenteile herum. Man konnte die Leichenteile kaum von Metall unterscheiden.«

Joe Lennon, *seit vier Jahren nicht mehr im aktiven Dienst der Feuerwehr, konnte nur mühsam seine Tränen unterdrücken:*
»Wenn man einen verliert, ist das nicht leicht. Aber über 200 Kumpels zu verlieren, ist das Schlimmste.«

Reverend Lloyd Prator *stand auf dem Bürgersteig, wo die Ambulanzen ankamen, um Opfer zu segnen und letzte Ölungen zu erteilen:*
»Als blicke man in die Hölle. Schutt und Glas klebte an den Menschen. Alle waren mit Asche überzogen.«

STAN HONDA/AGENCE FRANCE-PRESSE

Marcy Borders, die aus dem 81. Stock des Nordturms herabstieg, sucht nach dem Einsturz des World Trade Center Schutz in einem Bürogebäude am unteren Broadway.

Reaktionen aus aller Welt

EUROPA

Europäische Union – Die Außenminister der Europäischen Union beriefen für den heutigen Tag eine ihrer seltenen Dringlichkeitssitzungen ein, um über eine gemeinsame Reaktion zu beraten, während die Sprecher ihre Solidarität mit den Vereinigten Staaten bekundeten. Der EU-Auslandsbeauftragte Chris Patten bezeichnete die Anschläge als »die Tat eines Wahnsinnigen«.

NYT

Premierminister Tony Blair

Großbritannien – Die britischen Sicherheitskräfte rund um den Globus wurden in höchste Alarmbereitschaft versetzt. Premierminister Tony Blair versprach, dass Großbritannien im Kampf gegen den Terrorismus »voll und ganz an der Seite der USA stehen« werde. Königin Elisabeth verlieh ihrem »wachsenden Unglauben und tiefem Entsetzen« Ausdruck.

Russland – Russland versetzte seine Truppen in Alarmbereitschaft. Präsident Wladimir Putin berief eine Dringlichkeitssitzung seines Sicherheitsrates ein und sagte, er unterstütze eine scharfe Reaktion auf eine derart »barbarische Tat«.

AGENCE FRANCE-PRESSE

Bundeskanzler Gerhard Schröder

Deutschland – Bundeskanzler Schröder bezeichnete die Anschläge als eine »Kriegserklärung gegen die gesamte zivilisierte Welt«. Die Regierung drängte die deutsche Finanzhauptstadt Frankfurt, alle wichtigen Hochhäuser zu schließen. Das neue Jüdische Museum in Berlin wurde für den Publikumsverkehr geschlossen.

ASIEN

AGENCE FRANCE-PRESSE

Präsident Jiang Zemin

China – Präsident Jiang Zemin sagte, er sei »entsetzt«, und sandte eine Beileidsbezeigung an Präsident Bush, während der chinesische Außenminister erklärte, er lehne Terrorismus »in jeder Form« ab.

Afghanistan – Sprecher der Taliban wiesen Andeutungen zurück, Osama bin Laden, der saudische Untergrundkämpfer, dem sie Schutz gewährten, könne hinter den Anschlägen stecken. Auf die Frage, ob diese von den Taliban verurteilt würden, erwiderte Außenminister Wakil Ahmed Muttawakil: »Wir haben Terrorismus in jedweder Form stets kritisiert und tun dies auch jetzt.«

ASSOCIATED PRESS

Premierminister Junichiro Koizumi

Japan – Premierminister Junichiro Koizumi verlieh seinem »großen Zorn« Ausdruck und sagte: »Diese Terroranschläge sind unverzeihlich.« Für alle US-amerikanischen Militäreinrichtungen wurden besondere Sicherheitsmaßnahmen angeordnet.

NORD-, SÜD- UND MITTELAMERIKA

Kanada – Hunderte von Flügen, die die Vereinigten Staaten zum Ziel hatten, wurden auf kanadische Flughäfen umgeleitet, darunter auch ein Flugzeug, in dem sich der zypriotische Präsident Glafkos Klerides befand, der in Montréal landete.

ASSOCIATED PRESS

Präsident Vicente Fox

Mexiko – Verschärfte Sicherheitskontrollen an der Grenze zu den USA führten zu erheblichen Verkehrsbehinderungen. Nach Auskunft eines Regierungssprechers erwäge man die Schließung der Grenze. Präsident Vicente Fox bekundete »Solidarität und aufrichtiges Mitgefühl«.

Kuba – Die Regierung sprach von »Mitleid« und »Solidarität« gegenüber Kubas langjährigem politischen Gegner und bot Unterstützung aus der Luft sowie medizinische Hilfe an. Das staatliche Fernsehen ging sogar soweit, das normale Programm zu unterbrechen, um von der »nationalen Tragödie« zu berichten, und übertrug in diesem Zusammenhang die spanischsprachige Live-Berichterstattung von CNN.

NAHER OSTEN

RINA CASTELNUOVO

Palästinenserführer
Jassir Arafat

Westbank und Gaza – Palästinenserführer Jassir Arafat zeigte sich entsetzt über die Anschläge, drückte sein Mitgefühl aus und bot Hilfe bei der Jagd nach den Attentätern an. Mehrere militante Palästinensergruppen bestritten jegliche Beteiligung, aber über die Westbank hallten auch Freudenschüsse.

ASSOCIATED PRESS

Premierminister
Ariel Scharon

Israel – Premierminister Ariel Scharon rief aus Solidarität mit den Vereinigten Staaten einen Staatstrauertag aus und beschwor die Welt, den Terrorismus zu bekämpfen.

Iran – Präsident Mohammed Chatami verurteilte die »Terror«-Anschläge auf die Vereinigten Staaten, die nach der islamischen Revolution 1979 die diplomatischen Beziehungen zum Iran abgebrochen und dem Land wiederholt vorgeworfen hatten, den Terrorismus finanziell zu unterstützen.

Irak – Das staatliche Fernsehen pries die Anschläge als den »Angriff des Jahrhunderts«, den die Vereinigten Staaten aufgrund ihrer »Verbrechen gegen die Menschlichkeit« verdient hätten. Der Irak wirft den USA und Großbritannien vor, die UN-Sanktionen gegen das Land immer wieder zu verlängern, die nach dem Einmarsch Bagdads 1990 in Kuwait verhängt worden waren und die auch aufrechterhalten wurden, nachdem irakische Truppen von einer multinationalen Koalition unter Führung der USA im Jahr 1991 aus Kuwait vertrieben worden waren.

AFRIKA

ASSOCIATED PRESS

Oberst Muammar
el-Ghaddafi

Libyen – Nach Berichten der JANA-Presseagentur verurteilte Oberst Muammar el-Ghaddafi die »grauenvollen« Anschläge auf die USA und bekundete seine Bereitschaft, dem amerikanischen Volk Hilfe zu schicken.

NATO

Bei einer Dringlichkeitssitzung der Botschafter der Allianz in Brüssel versicherte Generalsekretär Lord Robertson, dass die USA auf die Unterstützung ihrer Verbündeten in Nordamerika und Europa zählen könnten, und versprach, die Verantwortlichen für diese Taten würden nicht ungestraft davonkommen.

VEREINTE NATIONEN

NYT

Generalsekretär
Kofi Annan

Diplomaten sprachen sich im Sicherheitsrat für ein rasches Handeln aus, um Sanktionen gegen jede Regierung oder Gruppierung zu verhängen, die sich als verantwortlich erweisen sollte. »Wir sind alle völlig traumatisiert von dieser entsetzlichen Tragödie«, sagte Generalsekretär Kofi Annan. Das Hauptquartier in New York wurde evakuiert.

Der Einsturz des Nordturms von New Jersey aus gesehen.

STEFFEN A. KAPLAN/NYT

12. September 2001, 5.00 Uhr morgens.

FOTOS: FRED R. CONRAD/NYT

12. September 2001, 6.00 Uhr morgens.

II

12.–18. September 2001

The New York Times

STUNNED RESCUERS COMB ATTACK SITES, BUT THOUSANDS ARE PRESUMED DEAD; F.B.I. TRACKING HIJACKERS' MOVEMENTS

13. 9. 2001

The New York Times

BUSH AND TOP AIDES PROCLAIM POLICY OF 'ENDING' STATES THAT BACK TERROR; LOCAL AIRPORTS SHUT AFTER AN ARREST

14. 9. 2001

The New York Times

BUSH LEADS PRAYER, VISITS AID CREWS; CONGRESS BACKS USE OF ARMED FORCE

15. 9. 2001

Die Woche danach

Dan Barry

Am Mittwoch ging die Sonne über einer veränderten Skyline auf und machte so jede Hoffnung zunichte, dass alles gar nicht wahr gewesen sei, dass wir nicht gesehen hatten, was wir gesehen, nicht verloren, was wir verloren hatten. Es war der 12. September – und das war der Beginn einer neuen Zeitrechnung.

In den kommenden Monaten sollten die New Yorker noch viel Lob ernten, weil die große Metropole trotz allem so zuversichtlich nach vorn blickte. Aber in dieser ersten Woche marschierten die Menschen hier nicht entschlossen drauflos, vielmehr glichen sie traurigen Schlafwandlern. Wie hätte es auch anders sein können, da jeder Schritt erneut die Erinnerung wachrief: die rot geränderten Augen von Fremden, die Blumengebinde, die sich vor den Feuerwachen immer höher stapelten, Tausende von Handzetteln, die Fotos der Vermissten zeigten und flehentlich darum baten, die und die Nummer zu wählen, wenn man irgendwas über den Verbleib der abgebildeten Person wisse. Und wenn sich der Spätsommerwind auch nur ein bisschen drehte, so wehte er den beißenden Geruch des noch immer brennenden Lower Manhattan herüber.

Dort, auf sechseinhalb mit Asche bedeckten Hektar, die bereits der »Haufen«, die »Stelle« oder »Ground Zero« – eine geheiligte Grabstätte – genannt wurden, wurde die Endgültigkeit allmählich zur Gewissheit. Ärzte ohne Patienten standen herum, während dick mit Schmutz verkrustete Rettungskräfte mit gesenkten Köpfen von der Schicht in dieser Hölle zurückkehrten und der über allem liegende Leichengeruch die Suchhunde rasend machte. Als ein Beamter der Hafenbehörde am Mittwochmorgen aus den Trümmern gezogen wurde, kam heiserer Jubel auf, da einer in den Schoß der Überlebenden zurückgekehrt war. Doch er sollte der Letzte sein, der lebend geborgen wurde. Mehr als 2 800 Menschen waren umgekommen.

Dennoch gruben Feuerwehrleute, Polizisten und Monteure rund um die Uhr und noch viele Tage danach weiter, vorwärtsgetrieben von der unerträglichen Vorstellung: Was wäre, wenn jemandes Vater, jemandes Frau – mein Kollege von der Feuerwehr – noch atmend unter dem nächsten Eimer Schutt läge? Trauer und Erschöpfung spielten der Wahrnehmung immer wieder Streiche: Flüstern und das Klingeln von Handys schienen aus den totenstillen Trümmern zu dringen.

Das Elend beschränkte sich auch nicht auf den Ort des Geschehens. Es war überall zuhause, in den Büros, auf den Straßen. Als Bürgermeister Rudolph W. Giuliani an einem jener ersten Tage die Greenwich Street entlang ging, tauchte eine verzweifelte Frau aus der Menge auf und bat ihn flehentlich, ihr bei der Suche nach ihrem 44-jährigen Sohn zu helfen. Der Bürgermeister tröstete sie und versicherte ihr, dass die Suche nach Überlebenden unvermindert fortgesetzt würde. Sie gab ihm ihre Telefonnummer, und als er weiterging, murmelte die Frau vor sich hin: »Mein Sohn ist am Fuße dieses Haufens.«

Man litt nicht nur in New York. Menschen aus aller Welt hatten bei diesem dreifachen Terroranschlag ihr Leben verloren. Und so hielt die Welt drei Tage nach den Anschlägen inne. In Bhopal verschränkten Schüler ihre Hände im Gebet. In London standen die Menschen nach den Zwölfuhrschlägen des Big Ben still. Auf der winzigen kroatischen Insel Lopud wehte die Nationalflagge auf Halbmast. In Washington gedachte Präsident George W. Bush in

The New York Times

BUSH TELLS THE MILITARY TO 'GET READY'; BROADER SPY POWERS GAINING SUPPORT

Lawmakers See Need to Loosen Rules on C.I.A.

LONG BATTLE SEEN

Donated Goods Deluge the City And Sit Unused

STRAINING TO RING THE OPENING BELL

At 8:48 a.m., Two 'Normal Guys' Met a Moment of Transformation

In Four Days, a National Crisis Changes Bush's Presidency

AFTER THE ATTACKS

16. 9. 2001

The New York Times

NATION SHIFTS ITS FOCUS TO WALL STREET AS A MAJOR TEST OF ATTACK'S AFTERMATH

Pakistani Team Giving Afghans An Ultimatum

BUSH IS CONFIDENT

U.S. Binds Wounds in Red, White and Blue

A New War And Its Scale

Hauling the Debris, and Darker Burdens

Wall Street's Driven Steward Presses for Business as Usual

AFTER THE ATTACKS

17. 9. 2001

The New York Times

WALL ST. REOPENS SIX DAYS AFTER SHUTDOWN; STOCKS SLIDE 7%, BUT INVESTORS RESIST PANIC

Bin Laden Is Wanted in Attacks, 'Dead or Alive,' President Says

FED CUTS KEY RATE

Taliban Refuse Quick Decision Over bin Laden

All of a Sudden, A Jittery Nation Of Checkpoints

Bad Numbers Still Felt Good On a Day Unlike Any Other

A NATION CHALLENGED

Many Come to Bear Witness at Ground Zero

18. 9. 2001

der National Cathedral der Toten. »Gott segne Amerika«, sagte er, bevor er Richtung Norden aufbrach, um dem Ort, an dem einst zwei mächtige Türme der Wirtschaft hoch aufragten, die letzte Ehre zu erweisen.

Denn schließlich hatte New York die Hauptlast der Anschläge zu tragen. Physisch aber auch psychisch hatte sich die alltägliche Umgebung verändert. Bombendrohungen zur Mittagszeit, an der Grand Central Station, am La Guardia Airport, in U-Bahnstationen, ließen die Menschen auf die Straßen flüchten. Die Nationalgarde patrouillierte an der Penn Station, und ein Schiff der Küstenwache lag an der Mündung des Hudson vor Anker. Die Touristen verschwanden, die Bewohner zogen sich in ihr Zuhause zurück und verliehen so den Straßen von Manhattan, in denen es nur selten ruhig ist, ein gespenstisches Aussehen.

Jeder Tag führte jedoch auch dazu, dass die Menschen in all ihrem Leid ein wenig mehr akzeptierten, was der Stadt widerfahren war. Allmählich zeigten sich erste, trotzige Reaktionen, die wie Krokusse die betonharte Trauer durchbrachen. Sechs Tage nach den Anschlägen wurde die Börse erstmals wieder geöffnet. Die Pendlerzüge nahmen ihren normalen Fahrplan wieder auf. Schüler kehrten in ihre Klassenzimmer zurück, und die Schauspieler vom Broadway sangen mit ihren Zuschauern »God Bless America«.

Hellere Lichter als die des Broadway erleuchteten eine Szene, bei der das Chaos von Lower Manhattan Regie führte. Freiwillige verteilten Lebensmittel und Wasser an die Rettungskräfte, die so gerne geholfen hätten. Frauen, die Wasserkisten heranschleppten, waren schon heiser vom vielen Rufen: »Wasser! Wasser!« Monteure zerlegten unter den sprühenden Funken von Schneidbrennern die Stahlskelette. Die ersten Lastwagenladungen der geschätzten 1,2 Milliarden Tonnen Schutt machten sich auf den Weg zu einem Abladeplatz auf Staten Island, wo sie nach Fotos, Schmuck und Leichenteilen durchsucht wurden, nach allem, das helfen könnte, ein Opfer zu identifizieren. Und hin und wieder sah man einen Straßenkehrer, in der Church, Vesey oder Liberty Street, der die Asche mit einem Besen wegfegte.

Aber all diese Einsätze konnten nicht über die tiefe Trauer über ein einzigartiges Verbrechen hinwegtäuschen, das alle überallhin zu begleiten schien, in den Fernsehbildern, in der Luft, in den Rauchsäulen, die von diesem Grabhügel aufstiegen. Einiges davon war natürlich nur von kurzer Dauer, wie die Tausenden von Nachrichten, die in den samtigen Staub der Zerstörung geschrieben wurden, der die Gebäude rund um Ground Zero überzogen hatte: »Vernon Cherry, ruf zuhause an« in der Greenwich Street. »Die Türme werden wieder auferstehen« in der Murray Street. »Gott steh dir bei, Dana – In Liebe, Mama« am Broadway West.

Diese Worte wurden weggewaschen. Aber nicht die gähnende Leere, die die verschwundenen Türme und so viele Menschen hinterlassen hatten.

Wenn Norman Steinmetz von Staten Island heute den Bus über die Verrazano-Narrows-Brücke nimmt, setzt er sich auf die dem Atlantik zugewandte Seite, um den überwältigenden Blick auf Lower Manhattan zu vermeiden. Er ist siebzig Jahre alt, ein ehemaliger Beamter der New Yorker Stadtpolizei, und er kann den veränderten Anblick einfach nicht ertragen.

»Sehen Sie nur, was sie meiner wunderschönen Stadt angetan haben«, schluchzt er.

Der Blick von oben

»Es ist unmöglich, dass ein Ungeschulter das, was gestern geschehen ist, auch nur mit dem Hauch einer Erfolgschance hätte tun können«, sagte John Nance, Pilot einer Fluglinie, Autor und Flugexperte.

James Glanz
13. September 2001

Terrorismus war für die meisten Amerikaner stets eine abstrakte Bedrohung. Doch dies änderte sich durch die so spektakulär im Fernsehen übertragenen Anschläge vom Dienstag. Sie brachten weit mehr als Tausende von Toten und die Zerstörung des augenfälligsten Symbols der New Yorker Skyline mit sich. Wir haben das Gefühl unserer Sicherheit und auch viel von unserer Unschuld verloren.

Bob Herbert
Kommentarseite
13. September 2001

Satellitenaufnahme vom 12. September 2001 mit Manhattan in der Bildmitte.

Der neue Morgen konnte das Leid des vorangegangenen Tages nicht auslöschen, kein neuer Morgen könnte dies, und so nahmen die New Yorker ihre Mahlzeiten ein, spülten ab und brachten den Müll raus, widmeten sich den alltäglichen Dingen des Lebens, aber nichts war wie zuvor. Die Stadt wirkte um ein Vielfaches zerbrechlicher und so fremd.

N. R. Kleinfield
13. September 2001

KEITH MEYERS/NYT

LOMMA
Nesco

Am späten Nachmittag schlugen gewaltige Kräne ihre Greifer wahllos in die Schutthaufen, während Polizisten, Feuerwehrmänner, Soldaten und andere Rettungskräfte den Boden mit Schaufeln und Brecheisen absuchten.

Dan Barry
13. September 2001

Hunderte von Hilfskräften setzen ihre Rettungsbemühungen inmitten der Ruinen des World Trade Center fort.

RUTH FREMSON/NYT

EDWARD KEATING/NYT

Ein Teeservice in einem Apartment in der Liberty Street gegenüber von World Trade Center 4.

LEBEN IN SCHERBEN

Tausende Bewohner von Battery Park City verbrachten die letzten Tage in Sorge und Verwirrung und warteten schier endlos auf die Nachricht, dass sie endlich in ihren Wohnungen nach dem Rechten sehen dürften.

Einigen gelang es, hinter die Polizeiabsperrungen und in ihre Häuser vorzudringen, um wenigstens Kleidung, Geld und andere Habseligkeiten an sich zu bringen. Erst gestern Mittag gestattete man den Anwohnern kurze Besuche – »Nicht einmal zehn Minuten«, berichtete Cheryl Morris aus Battery Park City –, um ihre Katzen, Hunde, Hamster und andere Haustiere zu holen.

Viele andere drängten sich am Pier 40 zwischen Houston und West Street in einer Notunterkunft zusammen, die sich zu einem behelfsmäßigen Nachbarschaftstreff entwickelte.

»Battery Park City ist mit einer Schicht aus Schutt und Staub bedeckt, die zu weiten Teilen aus pulverisiertem Beton besteht und an manchen Stellen bis zu siebeneinhalb Zentimeter dick ist«, gab James F. Gill, der Vorsitzende der Battery Park City Authority, bekannt.

Irgendwann werden die Anwohner sicher zurückkehren dürfen, aber viele von ihnen fragten sich gestern, ob sie in der Nähe der Stelle leben wollen, an der der schlimmste Terroranschlag auf die Vereinigten Staaten verübt wurde.

Einige sagten, sie würden nicht bleiben, da ihnen die Nähe zu diesem tausendfachen Tod unerträglich sei. »Ich möchte nicht neben einem Grabhügel wohnen«, sagte Janey Fire, Leiterin der fotografischen Abteilung eines Museums, die seit weniger als einem Jahr in Battery Park City lebt.

Aber andere wollen bleiben, weil man letztlich nirgendwo völlig sicher sei. So meinte Jeff Galloway, ein Anwalt, der seit mehr als 20 Jahren hier lebt: »Wo in New York ist man denn bitte nicht in der Nähe des potentiellen Angriffsziels eines Verrückten?«

RANDAL C. ARCHIBOLD
14. SEPTEMBER 2001

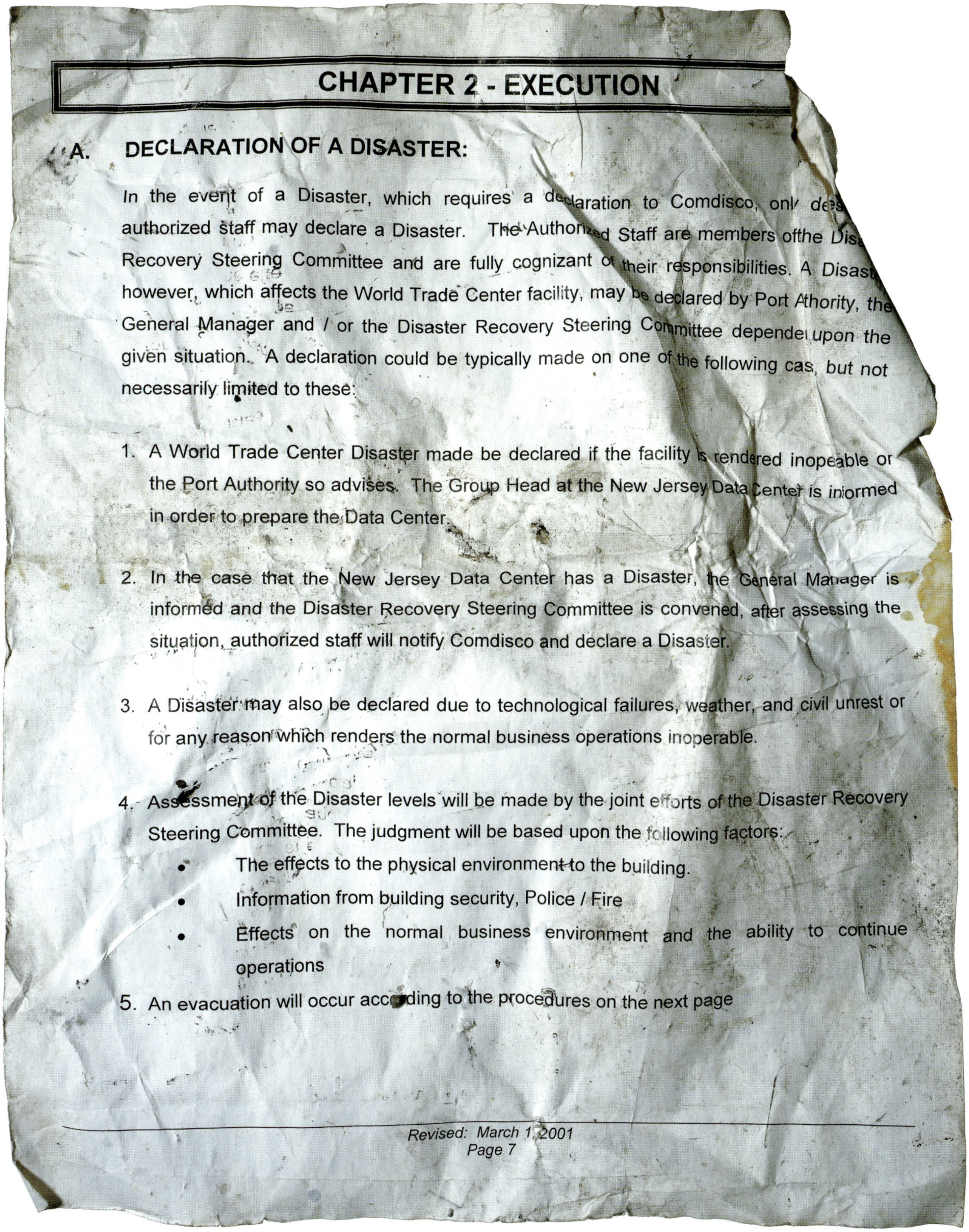

CHAPTER 2 - EXECUTION

A. DECLARATION OF A DISASTER:

In the event of a Disaster, which requires a declaration to Comdisco, onl/ des authorized staff may declare a Disaster. The Authorized Staff are members ofthe Dis Recovery Steering Committee and are fully cognizant of their responsibilities. A Disast however, which affects the World Trade Center facility, may be declared by Port Athority, the General Manager and / or the Disaster Recovery Steering Committee dependei upon the given situation. A declaration could be typically made on one of the following cas, but not necessarily limited to these:

1. A World Trade Center Disaster made be declared if the facility is rendered inopeable or the Port Authority so advises. The Group Head at the New Jersey Data Center is informed in order to prepare the Data Center.

2. In the case that the New Jersey Data Center has a Disaster, the General Manager is informed and the Disaster Recovery Steering Committee is convened, after assessing the situation, authorized staff will notify Comdisco and declare a Disaster.

3. A Disaster may also be declared due to technological failures, weather, and civil unrest or for any reason which renders the normal business operations inoperable.

4. Assessment of the Disaster levels will be made by the joint efforts of the Disaster Recovery Steering Committee. The judgment will be based upon the following factors:
   - The effects to the physical environment to the building.
   - Information from building security, Police / Fire
   - Effects on the normal business environment and the ability to continue operations

5. An evacuation will occur according to the procedures on the next page

Revised: March 1, 2001
Page 7

RICHARD BURBRIDGE FÜR NYT

Diese Anweisungen für den Katastrophenfall wurden in Red Hook, Brooklyn, gefunden. Comdisco, eine Firma zur Abdeckung von Katastrophenschäden, hatte acht Kunden in den Türmen. Tausende von Blättern flogen bei der Explosion aus den Türmen und wurden vom Wind auf die Westseite Brooklyns und in andere Stadtteile getragen.

Heute sagte Präsident Bush, die Anschläge »waren mehr als Terroranschläge; sie waren eine Kriegserklärung«. Eine Unterscheidung, die das militärische, politische und psychologische Fundament für militärisches Handeln legen soll.

Katharine Q. Seelye und Elisabeth Bumiller
13. September 2001

Angehörige der Streitkräfte stehen in der Chambers Street Wache.

LIBRADO ROMERO/NYT

F.D.N.Y.
FIRE

Bürgermeister Rudolph W. Giuliani in der Mitte, gefolgt von Charles Schumer, Senator von New York (zweiter von links), von George E. Pataki, dem Gouverneur des Staates New York (zweiter von rechts), und der Senatorin von New York, Hillary Rodham Clinton (rechts), bei einem Besuch der Unglücksstelle am 12. September 2001.

POOL PHOTO: ROBERT F. BUKATY

ANGEL FRANCO/NYT

Die Nationalgarde überprüft die Identität eines Mitarbeiters an der Wall Street. 17. September 2001.

Der Bürgermeister übernimmt das Kommando

Rudolph W. Giuliani erwies sich als mehr als nur ein Bürgermeister. Tag für Tag erklärte er ruhig furchtbare Sachverhalte und trug so dazu bei, einer traumatisierten Stadt die Gewissheit zu vermitteln, dass sie das durchstehen würde und dass sich jemand ihrer annehme. Er nahm an Beerdingungen teil, tröstete Überlebende, bat die Bürger zum Essen auszugehen und lud die Touristen ein zu kommen, während er Mitgefühl und Entschlossenheit ausstrahlte, selbst als mit Anthrax eine neue Bedrohung auftauchte. Der Mann, der nur wenige Wochen zuvor bereits am Ende zu sein schien, wurde nun, wo immer er auch hinging, mit »Rudy! Rudy! Rudy!«-Rufen jubelnd begrüßt.

Dan Barry
31. Dezember 2001

DOUG MILLS/ASSOCIATED PRESS

Präsident Bush (Mitte), Bürgermeister Rudolph W. Giuliani (links), Gouverneur George E. Pataki (zweiter von links), Senator Charles Schumer (zweiter von rechts) und der Chef der Feuerwehr, Thomas von Essen (rechts), an der Unglücksstelle. 14. September 2001.

Eine neue Führung tritt auf

Ganz im Sinne einer neuen aggressiven Linie in der US-amerikanischen Außenpolitik stellte die Bush-Regierung die Länder der Welt schlicht vor die Wahl: Steht an unserer Seite im Kampf gegen den Terrorismus und bietet Terroristen keinen Unterschlupf, andernfalls sind euch Tod und Zerstörung gewiss.

R. W. Apple Jr.
14. September 2001

Von links: Präsident George W. Bush, Laura Bush (verdeckt), Ex-Präsident George Bush, Barbara Bush und Ex-Präsident Bill Clinton lauschen der Predigt bei einem Gottesdienst in der National Cathedral in Washington, D. C., an einem anlässlich der Terroranschläge landesweit ausgerufenen Tag des Gebets und des Gedenkens. 14. September 2001.

J. SCOTT APPLEWHITE/ASSOCIATED PRESS

Tausende Anwohner aus Breezy Point, Queens, versammeln sich am 16. September zu einer Mahnwache bei Kerzenschein zu Ehren der Opfer der Anschläge auf das World Trade Center aus ihrem Stadtteil. Viele der New Yorker Polizisten und Feuerwehrleute stammen aus diesem Viertel.

KEVIN P. COUGHLIN FÜR NYT

RUBY WASHINGTON/NYT

Eine spontan angelegte Gedenkstätte auf der Brooklyn Promenade mit der Skyline von New York im Hintergrund. 16. September 2001.

Zeit der Trauer

Die Stadt wird überleben, weil New York für alles andere viel zu groß und zu stur ist. Aber im Augenblick trauert diese Stadt.

Bob Herbert
Kommentarseite
13. September 2001

New York City: Bilder von Mahnwachen und Gedenkstätten.

IM UHRZEIGERSINN OBEN LINKS BEGINNEND: RUTH FREMSON/NYT, JAMES ESTRIN/NYT, STEVE BERMAN/NYT, ANDREA MOHIN/NYT, RUTH FREMSON/NYT, CHESTER HIGGINS JR./NYT, OZIER MUHAMMAD/NYT

SAM YEH/AGENCE FRANCE-PRESSE

Taipeh, Taiwan.

KAREL PRINSLOO/ASSOCIATED PRESS

Nairobi, Kenia.

DIE WELT TRAUERT

In dieser Woche »sind wir alle New Yorker«.

R. W. APPLE JR.
zitiert Dominique Moisu, eine französische Wissenschaftlerin für internationale Beziehungen
14. SEPTEMBER 2001

ROBERT MAYER/SOUTH FLORIDA SUN-SENTINEL

Southeastern University in Davie, Florida.

Los Angeles, Kalifornien. MONICA ALMEIDA/NYT

London, England. POOL PHOTO: MAX NASH

Bhopal, Indien. REUTERS

to
ance
ce
HELP
Boyie Mohammed
Age 50
JOB CARR FUTURES
1 WTC
Please Call A.S.A.P
with any information
OK AGARWAL
Michael
Age 27

Eine Wand des Bellevue-Krankenhauses wird zum Schwarzen Brett für Handzettel von Tausenden, die noch immer vermisst werden.

KRISTA NILES/NYT

NANCY SIESEL/NYT

Löschzug 226 in Brooklyn Heights. Vier der fünf Männer, die hier am 11. September ausrückten, kamen nie mehr zurück.

Die verlorenen Mitstreiter

Insgesamt kamen bei den Anschlagen 343 Feuerwehrleute ums Leben. Das sind 30 Mal mehr als die New Yorker Feuerwehr jemals bei einem einzigen Einsatz verlor. Unter den Toten waren auch fünf der ältesten Einsatzleiter, darunter auch derjenige, der bei Einstürzen dieser Art die Rettungsmaßnahmen leitete. Auch 91 Löschzüge wurden unter dem Schutt begraben. Die Feuerwehr zog Beförderungen vor und beschleunigte Anstellungsverfahren und ist nun zahlenmäßig wieder vollständig besetzt. Doch den Verlust an Erfahrung und das seelische Leid empfinden alle, ganz unabhängig von ihrem Rang, noch immer als sehr schmerzlich.

Kevin Flynn

Aus der Feuerwache Ecke 8th Avenue und 47th Street, auch »Pride of Midtown« - »Stolz des Zentrums« - genannt, stammen der Löschzug 54, die Einheit 4 und das Bataillon 9, die zusammen 15 Feuerwehrmänner verloren.

F.D.N.Y.
54

Die umgekommenen Feuerwehrmänner

Joseph Agnello, Lad. 118
Lt. Brian Ahearn, Bat. 13
Eric Allen, Sqd. 18
Richard Allen, Lad. 15
Cpt. James Amato, Sqd. 1
Calixto Anaya Jr., Eng. 4
Joseph Angelini, Res. 1

Joseph Angelini Jr., Lad. 4
Faustino Apostol Jr., Bat. 2
David Arce, Eng. 33
Louis Arena, Lad. 5
Carl Asaro, Bat. 9
Lt. Gregg Atlas, Eng. 10
Gerald Atwood, Lad. 21

Gerard Baptiste, Lad. 9
A.C. Gerard Barbara, Cmd. Ctr.
Matthew Barnes, Lad. 25
Arthur Barry, Lad. 15
Lt. Steven Bates, Eng. 235
Carl Bedigian, Eng. 214
Stephen Belson, Bat. 7

John Bergin, Res. 5
Paul Beyer, Eng. 6
Peter Bielfeld, Lad. 42
Brian Bilcher, Sqd. 1
Carl Bini, Res. 5
Christopher Blackwell, Res. 3
Michael Bocchino, Bat. 48
Frank Bonomo, Eng. 230
Gary Box, Sqd. 1
Michael Boyle, Eng. 33
Kevin Bracken, Eng. 40
Michael Brennan, Lad. 4
Peter Brennan, Res. 4

Cpt. Daniel Brethel, Lad. 24
Cpt. Patrick Brown, Lad. 3
Andrew Brunn, Lad. 5
Cpt. Vincent Brunton, Lad. 105
F. M. Ronald Bucca
Greg Buck, Eng. 201
Cpt. William Burke Jr., Eng. 21
A. C. Donald Burns, Cmd. Ctr.
John Burnside, Lad. 20
Thomas Butler, Sqd. 1
Patrick Byrne, Lad. 101
George Cain, Lad. 7
Salvatore Calabro, Lad. 101

Cpt. Frank Callahan, Lad. 35
Michael Cammarata, Lad. 11
Brian Cannizzaro, Lad. 101
Dennis Carey, Hmc. 1
Michael Carlo, Eng. 230
Michael Carroll, Lad. 3
Peter Carroll, Sqd. 1
Thomas Casoria, Eng. 22
Michael Cawley, Lad. 136
Vernon Cherry, Lad. 118
Nicholas Chiofalo, Eng. 235
John Chipura, Eng. 219
Michael Clarke, Lad. 2

Steven Coakley, Eng. 217
Tarel Coleman, Sqd. 252
John Collins, Lad. 25
Robert Cordice, Sqd. 1
Ruben Correa, Eng. 74
James Coyle, Lad. 3
Robert Crawford, Safety
Lt. John Crisci, H. M.
B.C. Dennis Cross, Bat. 57
Thomas Cullen III, Sqd. 41
Robert Curatolo, Lad. 16
Lt. Edward D'Atri, Sqd. 1
Michael D'Auria, Eng. 40

Scott Davidson, Lad. 118
Edward Day, Lad. 11
B. C. Thomas DeAngelis, Bat. 8
Manuel Delvalle, Eng. 5
Martin DeMeo, H.M. 1
David DeRubbio, Eng. 226
Lt. Andrew Desperito, Eng. 1
B.C. Dennis Devlin, Bat. 9
Gerard Dewan, Lad. 3
George DiPasquale, Lad. 2
Lt. Kevin Donnelly, Lad. 3
Lt. Kevin Dowdell, Res. 4
B.C. Raymond Downey, Soc.

Gerard Duffy, Lad. 21
Cpt. Martin Egan Jr., Div. 15
Michael Elferis, Eng. 22
Francis Esposito, Eng. 235
Lt. Michael Esposito, Sqd. 1
Robert Evans, Eng. 33
B. C. John Fanning, H. O.
Cpt. Thomas Farino, Eng. 26
Terrence Farrell, Res. 4
Cpt. Joseph Farrelly, Div. 1
Dep. Comm. William Feehan
Lee Fehling, Eng. 235
Alan Feinberg, Bat. 9

Michael Fiore, Res. 5
Lt. John Fischer, Lad. 20
Andre Fletcher, Res. 5
John Florio, Eng. 214
Lt. Michael Fodor, Lad. 21
Thomas Foley, Res. 3
David Fontana, Sqd. 1
Robert Foti, Lad. 7
Andrew Fredericks, Sqd. 18
Lt. Peter Freund, Eng. 55
Thomas Gambino Jr., Res. 3
Chief of Dept. Peter Ganci Jr.
Lt. Charles Garbarini, Bat. 9

Thomas Gardner, Hmc. 1
Matthew Garvey, Sqd. 1
Bruce Gary, Eng. 40
Gary Geidel, Res. 1
B. C. Edward Geraghty, Bat. 9
Denis Germain, Lad. 2
Lt. Vincent Giammona, Lad. 5
James Giberson, Lad. 35
Ronnie Gies, Sqd. 288
Paul Gill, Eng. 54
Lt. John Ginley, Eng. 40
Jeffrey Giordano, Lad. 3
John Giordano, Hmc. 1

Keith Glascoe, Lad. 21
James Gray, Lad. 20
B. C. Joseph Grzelak, Bat. 48
Jose Guadalupe, Eng. 54
Lt. Geoffrey Guja, Bat. 43
Lt. Joseph Gullickson, Lad. 101
David Halderman, Sqd. 18
Lt. Vincent Halloran, Lad. 8
Robert Hamilton, Sqd. 41
Sean Hanley, Lad. 20
Thomas Hannafin, Lad. 5
Dana Hannon, Eng. 26
Daniel Harlin, Lad. 2

Lt. Harvey Harrell, Res. 5
Lt. Stephen Harrell, Bat. 7
Cpt. Thomas Haskell Jr., Div. 15
Timothy Haskell, Sqd. 18
Cpt. Terence Hatton, Res. 1
Michael Haub, Lad. 4
Lt. Michael Healey, Sqd. 41
John Heffernan, Lad. 11
Ronnie Henderson, Eng. 279
Joseph Henry, Lad. 21
William Henry, Res. 1
Thomas Hetzel, Lad. 13
Cpt. Brian Hickey, Res. 4

Lt. Timothy Higgins, S.O.C.
Jonathan Hohmann, Hmc. 1
Thomas Holohan, Eng. 6
Joseph Hunter, Sqd. 288
Cpt. Walter Hynes, Lad. 13
Jonathan Ielpi, Sqd. 288
Cpt. Frederick Ill Jr., Lad. 2
William Johnston, Eng. 6
Andrew Jordan, Lad. 132
Karl Joseph, Eng. 207
Lt. Anthony Jovic, Bat. 47
Angel Juarbe Jr., Lad. 12
Mychal Judge, Kaplan

Vincent Kane, Eng. 22
B. C. Charles Kasper, S.O.C.
Paul Keating, Lad. 5
Richard Kelly Jr., Lad. 11
Thomas R. Kelly, Lad. 15
Thomas W. Kelly, Lad. 105
Thomas Kennedy, Lad. 101
Lt. Ronald Kerwin, Sqd. 288
Michael Kiefer, Lad. 132
Robert King Jr., Eng. 33
Scott Kopytko, Lad. 15
William Krukowski, Lad. 21
Kenneth Kumpel, Lad. 25

Thomas Kuveikis, Sqd. 252
David LaForge, Lad. 20
William Lake, Res. 2
Robert Lane, Eng. 55
Peter Langone, Sqd. 252
Scott Larsen, Lad. 15
Lt. Joseph Leavey, Lad. 15
Neil Leavy, Eng. 217
Daniel Libretti, Res. 2
Carlos Lillo, Paramedic
Robert Linnane, Lad. 20
Michael Lynch, Eng. 40
Michael Lynch, Lad. 4

Michael Lyons, Sqd. 41
Patrick Lyons, Sqd. 252
Joseph Maffeo, Lad. 101
William Mahoney, Res. 4
Joseph Maloney, Lad. 3
B. C. Joseph Marchbanks Jr., Bat. 12
Lt. Charles Margiotta, Bat. 22
Kenneth Marino, Res. 1
John Marshall, Eng. 23
Lt. Peter Martin, Res. 2
Lt. Paul Martini, Eng. 23
Joseph Mascali, T.S.U. 2
Keithroy Maynard, Eng. 33

Brian McAleese, Eng. 226
John McAvoy, Lad. 3
Thomas McCann, Bat. 8
Lt. William McGinn, Sqd. 18
B. C. William McGovern, Bat. 2
Dennis McHugh, Lad. 13
Robert McMahon, Lad. 20
Robert McPadden, Eng. 23
Terence McShane, Lad. 101
Timothy McSweeney, Lad. 3
Martin McWilliams, Eng. 22
Raymond Meisenheimer, Res. 3
Charles Mendez, Lad. 7

Steve Mercado, Eng. 40
Douglas Miller, Res. 5
Henry Miller Jr., Lad. 105
Robert Minara, Lad. 25
Thomas Mingione, Lad. 132
Lt. Paul Mitchell, Bat. 1
Capt. Louis Modafferi, Res. 5
Lt. Dennis Mojica, Res. 1
Manuel Mojica, Sqd. 18
Carl Molinaro, Lad. 2
Michael Montesi, Res. 1
Capt. Thomas Moody, Div. 1
B. C. John Moran, Bat. 49

Vincent Morello, Lad. 35
Christopher Mozzillo, Eng. 55
Richard Muldowney Jr., Lad. 07
Michael Mullan, Lad. 12
Dennis Mulligan, Lad. 2
Lt. Raymond Murphy, Lad. 16
Lt. Robert Nagel, Eng. 58
John Napolitano, Res. 2
Peter Nelson, Res. 4
Gerard Nevins, Res. 1
Dennis O'Berg, Lad. 105
Lt. Daniel O'Callaghan, Lad. 4
Douglas Oelschlager, Lad. 15

Joseph Ogren, Lad. 3
Lt. Thomas O'Hagan, Bat. 4
Samuel Oitice, Lad. 4
Patrick O'Keefe, Res. 1
Capt. William O'Keefe, Div. 15
Eric Olsen, Lad. 15
Jeffery Olsen, Eng. 10
Steven Olson, Lad. 3
Kevin O'Rourke, Res. 2
Michael Otten, Lad. 35
Jeffery Palazzo, Res. 5
B. C. Orio Palmer, Bat. 7
Frank Palombo, Lad. 105

Paul Pansini, Eng. 10
B. C. John Paolillo, Bat. 11
James Pappageorge, Eng. 23
Robert Parro, Eng. 8
Durrell Pearsall, Res. 4
Lt. Glenn Perry, Bat. 12
Lt. Philip Petti, Bat. 7
Lt. Kevin Pfeifer, Eng. 33
Lt. Kenneth Phelan, Bat. 32
Christopher Pickford, Eng. 201
Shawn Powell, Eng. 207
Vincent Princiotta, Lad. 7
Kevin Prior, Sqd. 252

B. C. Richard Prunty, Bat. 2
Lincoln Quappe, Res. 2
Lt. Michael Quilty, Lad. 11
Ricardo Quinn, Paramedic
Leonard Ragaglia, Eng. 54
Michael Ragusa, Eng. 279
Edward Rall, Res. 2
Adam Rand, Sqd. 288
Donald Regan, Res. 3
Lt. Robert Regan, Lad. 118
Christian Regenhard, Lad. 131
Kevin Reilly, Eng. 207
Lt. Vernon Richard, Lad. 7

James Riches, Eng. 4
Joseph Rivelli, Lad. 25
Michael Roberts, Eng. 214
Michael E. Roberts, Lad. 35
Anthony Rodriguez, Eng. 279
Matthew Rogan, Lad. 11
Nicholas Rossomando, Res. 5
Paul Ruback, Lad. 25
Stephen Russell, Eng. 55
Lt. Michael Russo, S.O.C.
B. C. Matthew Ryan, Bat. 1
Thomas Sabella, Lad. 13
Christopher Santora, Eng. 54

John Santore, Lad. 5
Gregory Saucedo, Lad. 5
Dennis Scauso, H. M. 1
John Schardt, Eng. 201
B. C. Fred Scheffold, Bat. 12
Thomas Schoales, Eng. 4
Gerard Schrang, Res. 3
Gregory Sikorsky, Sqd. 41
Stephen Siller, Sqd. 1
Stanley Smagala Jr., Eng. 226
Kevin Smith, H. M. 1
Leon Smith Jr., Lad. 118
Robert Spear Jr., Eng. 26

Joseph Spor, Res. 3
B. C. Lawrence Stack, Bat. 50
Cpt. Timothy Stackpole, Div. 11
Gregory Stajk, Lad. 13
Jeffrey Stark, Eng. 230
Benjamin Suarez, Lad. 21
Daniel Suhr, Eng. 216
Lt. Christopher Sullivan, Lad. 111
Brian Sweeney, Res. 1
Sean Tallon, Lad. 10
Allan Tarasiewicz, Res. 5
Paul Tegtmeier, Eng. 4
John Tierney, Lad. 9

John Tipping II, Lad. 4
Hector Tirado Jr., Eng. 23
Richard Vanhine, Sqd. 41
Peter Vega, Lad. 118
Lawrence Veling, Eng. 235
John Vigiano II, Lad. 132
Sergio Villanueva, Lad. 132
Lawrence Virgilio, Sqd. 18
Lt. Robert Wallace, Eng. 205
Jeffery Walz, Lad. 9
Lt. Michael Warchola, Lad. 5 (D)
Capt. Patrick Waters, S.O.C.
Kenneth Watson, Eng. 214

Michael Weinberg, Eng. 1
David Weiss, Res. 1
Timothy Welty, Sqd. 288
Eugene Whelan, Eng. 230
Edward White, Eng. 230
Mark Whitford, Eng. 23
Lt. Glenn Wilkinson, Eng. 238
B. C. John Williamson, Bat. 6
Capt. David Wooley, Lad. 4
Raymond York, Eng. 285

ZBIGNIEW BZDAK/THE TIMES OF NORTHWEST INDIANA ÜBER ASSOCIATED PRESS

Am 12. September feuerte ein Maskierter 21-mal auf Hassan Awday, einen Amerikaner jemenitischer Abstammung, der hinter einer kugelsicheren Scheibe in seiner Tankstelle in Gary, Indiana, stand.

Fehlgeleiteter Zorn

»Es ist unislamisch, unschuldige Menschen zu töten«, sagte Mohammed Anwar, ein 25-jähriger afghanischer Polizeiwachtmeister.

Barry Bearak
13. September 2001

Als ein Angehöriger der Sikhs aus Lower Manhattan wegrannte, floh er nicht nur vor den Flammen, sondern auch vor drei Männern, die ihn lautstark wegen seines Turbans beschimpften.

Somini Sengupta
13. September 2001

Stimmen aus einer Moschee in Brooklyn

Mohammed Ayesh: *»Ich arbeite für eine Autowerkstatt. Wenn Leute hereinkommen, so schauen mich manche, nur wenige, voller Wut über das an, was geschehen ist. Ich mache ihnen deswegen keinen Vorwurf. Vielleicht hatten sie Verwandte in den Türmen. Aber manchmal stört es mich doch, weil es nicht gerechtfertigt ist. Vielleicht sehe ich nicht aus wie ein Weißer, aber diese Tragödie hat auch mich getroffen.«*

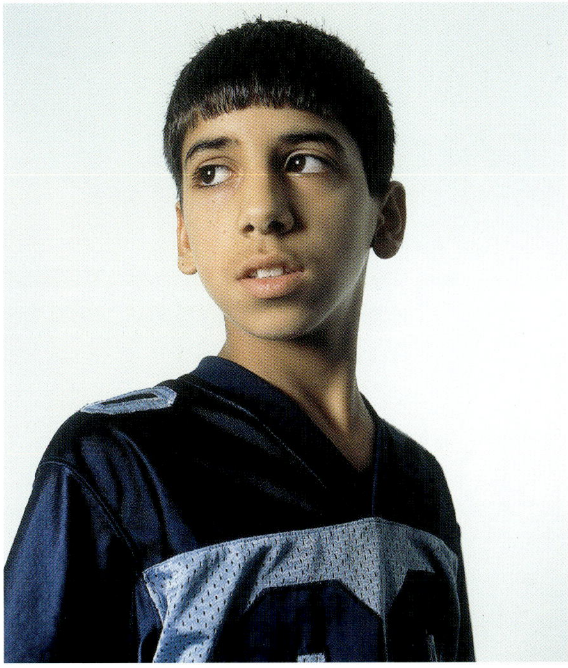

Mohammed Qunbar: *»Ich bin 12. Wir haben den Rauch von unserer Schule aus gesehen. Später haben wir ein paar verbrannte Papiere aufgefangen. Ich hatte ein wenig Angst, auch unser Viertel könnte bombardiert werden. Ich glaube, wir werden in den Krieg ziehen. Warum? Weil Bush es gesagt hat. Aber ich halte das für keine gute Idee. Ich bin niedergeschlagen und traurig, aber man kann da nichts machen. Es ist geschehen.«*

Sheikh Mohamed Moussa Imam: *»Ich bin der religiöse Führer der muslimischen Gemeinde hier in Bay Ridge. Im Koran heißt es: Wer einen anderen Menschen tötet, außer bei Totschlag oder weil Unheil über das Land gekommen ist, dann ist es so, als habe er alle Menschen getötet. Was geschehen ist, ist auch an uns geschehen. Wir alle sind Amerikaner.«*

PHOTOS ANDRES SERRANO FÜR NYT
INTERVIEWS CATHERINE SAINT LOUIS
VERÖFFENTLICHT AM 23. SEPTEMBER 2001

Josheph Thalam: *»Ich bin im April von Jordanien nach New York gekommen. Seit dem Anschlag bin ich sehr traurig. Diese Menschen sind sinnlos gestorben. Ich hoffe, die US-Regierung wird diese Terroristen angreifen und sie in ihren Häusern töten. Was sie getan haben, war Teufelswerk. Es wird nie wieder geschehen. Das nächste Mal werden amerikanische Piloten sie angreifen.«*

BARTON SILVERMAN/NYT

Die New Yorker Börse wird wieder geöffnet. 17. September 2001.

JOHN ZICH/AGENCE FRANCE-PRESSE

Die Mosque Foundation in Bridgeview, Illinois. 13. September 2001.

KEITH MEYERS/NYT

Beim Lincoln Tunnel in Weehawken, New Jersey. 13. September 2001.

TING-LI WANG/NYT

Ein Paar beobachtet Kampfjets von seinem Fenster in Manhattan. 14. September 2001.

FRED R. CONRAD/NYT

Ein alter Pier unweit der Imperial Water Ferry in Hoboken, New Jersey. 13. September 2001.

THANK YOU
NY's HEROE's

KEEP THE FAITH

We are STRONGER now
OUR FINEST HOUR

THANK
xo you!!

Entlang dem West Side Highway

FOTOS: BILL CUNNINGHAM/NYT

Auch am dritten Tag schuften Feuerwehrmänner und andere Helfer rund um die Uhr an der Unglücksstelle des World Trade Center. 13. September 2001.

EDWARD KEATING/NYT

15. September 2001.

KEITH MEYERS/NYT

EDWARD KEATING/NYT

13. September 2001.

III

Die Herausforderung im eigenen Land

Die Folgen in Amerika

Celestine Bohlen

Am 11. Oktober, einen Monat nach den Anschlägen, hatte Amerika ein wenig Atem geschöpft und seine Kräfte gesammelt, auch wenn dies wenig dazu beitrug, den Schmerz oder die Furcht zu lindern. Ein weiterer Monat sollte vergehen, ehe die Streitkräfte der USA und ihre afghanischen Verbündeten die Taliban aus Kabul hinwegfegten. Doch in diesen ersten Wochen des Krieges gaben die Bilder von Bombern, die verziert mit den Emblemen der New Yorker Feuerwehr aus großer Höhe die Trainingslager der al-Qaida in Schutt und Asche legten, den Amerikanern das Gefühl, dass der Gerechtigkeit Genüge getan würde.

»Wir haben einen Kampf begonnen, von dem wir nicht wissen, wie lange er dauern wird«, sagte Präsident George W. Bush anlässlich einer Gedenkfeier an diesem Tag. »Aber der Ausgang dieses Kampfes ist gewiss.«

Am 11. März 2002, genau sechs Monate danach, schien ein amerikanischer Sieg in Afghanistan nach einer heftigen Bodenschlacht im Shah-i-Kot-Tal so gut wie sicher. Zu dieser Zeit hatten die USA angekündigt, mit aller Entschlossenheit den Krieg gegen den Terrorismus auch in andere Teile der Welt zu tragen und so den Druck auf die von Bush so genannte »Achse des Bösen« zu erhöhen. Aber während die Regierung ihre Liste potentieller Ziele erweiterte, auf der der Irak ganz oben stand, musste sie feststellen, dass ihre Verbündeten nicht begeistert waren, einen Krieg zu unterstützen, dessen Rahmenbedingungen zunehmend allein von Washington diktiert wurden.

FRED R. CONRAD/NYT

Die Wall Street am 17. September 2001, dem Tag, an dem die New Yorker Börse wieder geöffnet wurde.

Bush rief erstmals am 20. September das Land zu den Waffen, als er in einer Sondersitzung vor beiden Häusern des Kongresses sprach. »Unsere Trauer hat sich in Zorn gewandelt, unser Zorn in Entschlossenheit«, verkündete er in einer viel gerühmten Rede. Im Anschluss gewann der Präsident sichtlich an Ansehen, und auch in Meinungsumfragen legte er zu. Nach einer Ende Oktober veröffentlichen Umfrage der New York Times und des Senders CBS waren 87 % der Befragten zufrieden mit seiner Amtsführung. Weitere Unterstützung erhielt Bush durch das außergewöhnliche Aufflammen des Patriotismus, der bald das ganze Land die Nationalflagge schwingen ließ: »Stars and Stripes« tauchten überall an Autos, Zügen, Bussen, vor Eingangstüren und in Schaufenstern auf. Nur wenige zweifelten an der Führung der Nation in dieser Krise, und der Gast einer Fernsehtalkshow zu später Stunde, der es wagte die Feststellung in Frage zu stellen, die Flugzeugentführer seien »Feiglinge« gewesen, wurde von Sponsoren gemieden und vom Sprecher des Weißen Hauses gerügt.

Ein erschüttertes Land in einen Krieg gegen einen Feind zu führen, der nur schwer zu fassen war, erforderte außergewöhnliche Maßnahmen, und die Bush-Regierung ergriff sie, ohne zu zögern. Am 25. Oktober stimmten sowohl das Abgeordnetenhaus als auch der Senat mit großer Mehrheit einem Gesetz zu, das der Regierung umfassende neue Befugnisse bei der Jagd nach mutmaßlichen Terroristen erteilte. Es erleichterte die Festnahme von Immigranten ohne Anklageerhebung, das Eindringen in Banken, die der Geldwäsche verdächtigt wurden, das Einleiten von Abhörmaßnahmen und den Zugriff auf Informationen, die des Terrorismus Verdächtige auf ihren Computern gespeichert hatten. »Im bestehenden Strafgesetzbuch wird der Terrorismus mit Glacéhandschuhen angefasst«, sagte Senator Orrin G. Hatch aus Utah. »Dieses Gesetz macht Schluss damit.«

Nationale Sicherheit lautete die Parole. Wachen erschienen an den Eingängen zu Bürogebäuden, Broadway-Theatern und vor der Liberty Bell in Philadelphia, sie überprüften die Identität und kontrollierten Handtaschen. Die vereinzelt auftretenden und dennoch ungeheuere Furcht einflößenden Milzbrandfälle, das Werk eines unbekannten Bioterroristen, erhöhten landesweit die herrschende Nervosität und verdeutlichten die Verwundbarkeit so gut bewachter Institutionen wie etwa der des Amerikanischen Kongresses. Sogar das Kapitol wurde kurzzeitig geschlossen. Bis zum 16. Oktober gingen beim FBI 2 300 Meldungen über verdächtiges weißes Pulver ein. Und dies war nicht der einzige Grund zur Beunruhigung. Dreimal in diesen drei Monaten veröffentlichte Washington Warnungen über mögliche Terroranschläge, obwohl keine genaueren Fakten bekannt wurden. Selbst Tom Ridge, der neu ernannte Chef für Innere Sicherheit, räumte ein, dass es schwierig sei, wachsam zu bleiben und zugleich zur Normalität zurückzukehren. »Es ist eine schwierige Gratwanderung, die wir da leisten müssen«, sagte er.

Monatelang saß die Angst vor dem Fliegen tief. Das kostete die Fluggesellschaften rund 7 Milliarden Dollar und schädigte die Tourismusbranche. Nur langsam kehrten die Passagiere zurück. Vielleicht wurden sie durch ein vom Kongress verabschiedetes Gesetz ermutigt, das die 28 000 Sicherheitskräfte auf den Flughäfen für mindestens drei Jahre zu Staatsdienern machte. Bis dahin lag die Flughafensicherheit in den Händen der Fluggesellschaften, die sich auf angelernte, unterbezahlte Mitarbeiter verließen.

JAMES ESTRIN/NYT

Henry Boyle, 13, legte Blumen auf die zerstörten Autos in seiner Nachbarschaft. 12. September 2001.

Während die Ermittlungen gegen die Entführer vom 11. September über mehrere Kontinente hinweg fortgesetzt wurden, erfolgte gleichzeitig ein Rundumschlag gegen die finanziellen Netzwerke, die sie unterstützt hatten, so dass gegen 22 Organisationen mit Verbindungen zur al-Qaida, darunter auch Hamas und Hisbollah, Sanktionen verhängt wurden. Im Inland wurden islamische Wohltätigkeitsorganisationen geschlossen, die man beschuldigte, Geld an die Terroristen weiterzuleiten. Im Spätherbst waren mehr als 1 000 Menschen verhaftet und vorläufig festgenommen worden, ohne dass ihre Namen oder die gegen sie erhobenen Vorwürfe jemals publik gemacht wurden.

In der wachsenden Anspannung äußerten einige ihre Befürchtungen laut, dass die übereilten Bemühungen zur Verbesserung der nationalen Sicherheit allmählich auf Kosten der bürgerlichen Grundrechte gingen. So schreckte der Kongress beispielsweise davor zurück, einen Regierungsvorschlag zu billigen, nach dem verdächtige Immigranten auf unbestimmte Zeit festgehalten werden konnten. Der endgültige Gesetzentwurf sah eine Grenze von sieben Tagen vor, die unter bestimmten Umständen auf bis zu sechs Monate verlängert werden konnte, was häufig geschah. Neuerlich regte sich Unmut, als eine Verordnung des Justizministeriums plante, dass Gespräche zwischen Anwälten und Gefangenen der Bundesbehörden belauscht werden dürften, ebenso über eine Verordnung des Präsidenten (die später in einigen Punkten geändert wurde), die es ermöglichte, des Terrorismus angeklagte Ausländer von einem Militärgericht aburteilen zu lassen, ein gesetzliches Vorgehen, das in den Vereinigten Staaten seit dem Zweiten Weltkrieg nicht mehr zum Einsatz gekommen war. Regierungen im Ausland protestierten öffentlich gegen die Weigerung der Vereinigten Staaten, den auf einer US-Militärbasis auf Kuba inhaftierten Taliban- und Al-Qaida-Kämpfern den Status von Kriegsgefangenen zu gewähren.

Die Monate nach dem 11. September waren auch eine Zeit der Bestandsaufnahme. In den ersten Wochen hatte man befürchtet, dass bis zu 5 000 Todesopfer im World Trade Center und im Pentagon zu beklagen seien. Am 22. April, sieben Monate nach den Anschlägen, war die Zahl auf 2 825 gesunken. Doch noch im März wurden am Ground Zero Leichen gefunden, während 7 000 Helfer tonnenweise den grässlichen Schutt durchsuchten. Die an der Unglücksstelle noch monatelang andauernden Brände hatten Lower Manhattan in feinen grauen Staub und widerlichen Gestank gehüllt. Aber der Strom an Besuchern, die kamen, bestätigte, was Angehörige bereits wussten: Dies war heiliger Boden und würde es immer sein. Auch auf anderer Ebene wurden die Verluste gezählt. Wirtschaftlich hatte das Land einen gewaltigen Schlag erlitten, und dies just zu einem Zeitpunkt, als sich allmählich eine Rezession abzeichnete.

Im Frühling 2002 schien die Wirtschaft sich langsam zu erholen, und einige düstere Vorhersagen wie ein Preisverfall auf dem New Yorker Immobilienmarkt erfüllten sich nicht. Und als der Krieg gegen den Terrorismus in eine erweiterte Phase eintrat, bekräftigte Präsident Bush in einer Rede vor dem diplomatischen Corps in Washington, dass die USA nicht die einzigen seien, die unter den Terroristen zu leiden hatten. In seinem Aufruf zu einer weltweiten Anstrengung im Kampf gegen diese fügte er hinzu, die Vereinigten Staaten würden »Regierungen in aller Welt« militärisch zur Seite stehen. »Unsere Koalition muss entschlossen aus freiem Willen handeln«, verkündete er. »Tatenlosigkeit ist keine Option.«

POOL PHOTO: STAN HONDA

Rauchwolken erschweren am 11. Oktober 2001 zusätzlich die Arbeiten am Ground Zero. Im Januar 2002 befanden sich etwa 300 Feuerwehrmänner, die dem Rauch und Staub an der Unglücksstelle ausgesetzt waren, wegen Atemproblemen im Krankenstand.

FOTOS: FRED R. CONRAD/NYT

Mit Hilfe einer Rampe, die über die Reste der Untergeschosse des Nordturms des World Trade Center führt, kann schweres Gerät bis weit unter das Bodenniveau vordringen, um Schutt fortzuräumen. An den tiefsten Stellen der Grube sammelt sich allmählich Wasser. 11. Januar 2002.

Unter Ground Zero

Inzwischen ist das Heer von Hilfskräften zusammen mit Feuerwehreinheiten, die noch immer unermüdlich nach menschlichen Überresten suchen, unterhalb des Erdgeschossniveaus des World Trade Centers angelangt und dringt Stockwerk für Stockwerk tiefer in den unterirdischen Bereich des Bürokomplexes vor, der nicht einmal beim fürchterlichen Einsturz der Türme platt gedrückt wurde.

Wie Archäologen bei der Ausgrabung antiker Ruinen müssen sie jeden nächsten Schritt in allen Einzelheiten bedenken. Die unbeleuchteten Untergeschosse und die verstreut herumliegenden Bauelemente sind nicht nur die letzten Zeugen des Bürokomplexes. Sie sind die Stützpfeiler einer dahinter liegenden Wand, einer Schlitzwand, die »Bathtub – Badewanne« genannt wird und die die Unglücksstelle fast gänzlich umgibt und das Wasser des Hudson zurückhält.

Stadteigenen Zählungen zufolge wurden seit dem 11. September bisher 1 036 837 Tonnen verkohlter Stahl, zermalmter Beton, zerdrückte Rohre und anderer sortierter Schutt von der Unglücksstelle abtransportiert.

So komprimiert ist der verbleibende Schutt auf Höhe der Grundmauern des Nordturms, dass die Grabbagger und Greifer große Mühe haben, die verbogenen Stahlträger frei zu zerren. Die Hinterenden dieser gewaltigen Baumaschinen heben sich gefährlich in die Höhe, wenn sie an den verschütteten Trümmern ziehen, und sie schwanken dabei vor und zurück wie Kinderspielzeug.

Eric Lipton und James Glanz
13. Januar 2002

Die Unglücksstelle

Die Aufräumungsarbeiten dringen allmählich zu den tiefsten Stellen des siebenstöckigen Basements vor.

Südliches Ende der Badewannenwand

Weiterhin werden gebündelte Stahltrossen durch die Außenwand der Badewanne hindurch im Gestein verankert, um die Wand zu stabilisieren und damit das Wasser des Hudson River am Eindringen zu hindern.

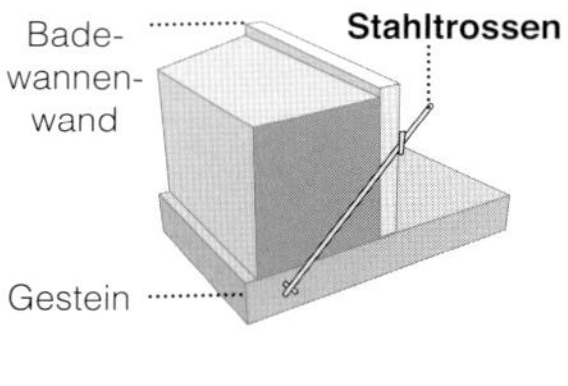

THE NEW YORK TIMES

22. November 2001.

BRAD LAPAYNE

5. Januar 2002.

FRED R. CONRAD/NYT

RICHARD PERRY/NYT

14. März 2002.

EDWARD KEATING/NYT

Aufnahme aus dem Untergeschoss von World Trade Center 5, zehn Tage nach dem Anschlag. Zwei Soldaten suchen nach Anzeichen für Plünderungen in Sbarros Pizzeria und anderen Geschäften im Untergeschoss. 21. September 2001.

Schäden an der U-Bahn

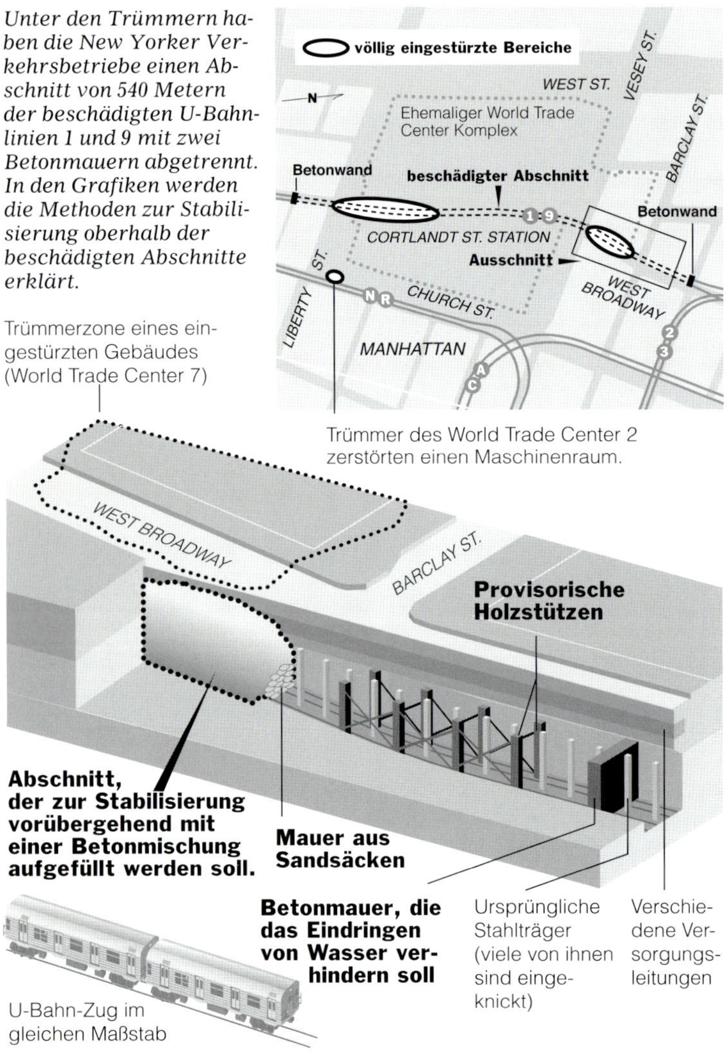

Quelle: Metropolitan Transportation Authority; New York City Transit THE NEW YORK TIMES

Unterirdische Folgen

Das Ausmaß der Zerstörung an der Stelle, wo einst das World Trade Center stand, ist für jeden, der ein Fernsehgerät besitzt, offensichtlich. Aber unterhalb des Straßenniveaus liegt vieles, was New York am Laufen hält, und hier sind Schäden in Milliardenhöhe verborgen.

Die Kosten für den Wiederaufbau der unterirdischen Bereiche werden im Vergleich zu den Arbeiten, die auf Bodenniveau vonstatten gehen, um ein Vielfaches höher liegen, und zwar aufgrund der Dichte der Versorgungsleitungen. Dieser Untergrund ist so voll gestopft wie sonst keiner auf der Welt: mit mehreren Hundert Kilometern von Leitungen, Rohren, Tunneln und Kabeln.

Jayson Blair
14. October 2001

Ein Team aus Ingenieuren der New Yorker Verkehrsbetriebe und von Bauunternehmern drang in den Untergrund vor, vorbei an den verlassenen Drehkreuzen und Fahrkartenschaltern der Cortland Street Station, dem Haltepunkt für das World Trade Center. Bei diesem Abstieg, so einer der Ingenieure, fühlte man sich wie bei einem Tauchgang zur Titanic.

Ausgerüstet mit Atemgeräten und Schutzhelmen, Taschenlampen und Gasmessgeräten, tastete sich das Team am Bahnsteig entlang, wo sich ihm ein wahrhaft höllischer Anblick bot. Ein Teil des Südturms war an dieser Stelle abgestürzt. Dutzende von Stockwerken waren hier im Dunkel des Tunnels endgültig zum Stillstand gekommen.

Boden, Decke und Seitenwände des U-Bahntunnels müssen neu gebaut, neue Gleise gelegt, das Signal- und Leitungssystem erneuert werden, und das alles bis November oder Dezember, wenn die Linie wieder eröffnet werden soll.

Eric Lipton und James Glanz
13. Januar 2002

NEW YORK CITY TRANSIT

Ingenieure untersuchten den Zustand der U-Bahnstation Cortlandt Street, um zu überprüfen, ob die tragenden Teile noch intakt waren und was zur Wiederaufnahme des Linienbetriebs notwendig wäre. Die Verantwortlichen der New York City Verkehrsbetriebe stellten dabei so große Schäden fest, dass nach ihrer Auskunft mehr als 1,5 Kilometer der Strecke neu gebaut werden müssen. 28. September 2001.

Arbeiter schaffen eimerweise Schutt von der Unglücksstelle weg. 24. September 2001.

POOL PHOTO: TED S. WARREN

SUCHE IN DEN TRÜMMERN

Nachdem die Leichen weggebracht sind, wird die Arbeit wieder aufgenommen. Die Räumungsfahrzeuge fressen sich durch den Berg. Die Monteure werden in der Schaufel eines Baggers nach oben gehievt, um eine noch stehende Wand abzuschweißen. Es regnet Funken, unter Druck herausgepresstes Wasser verwandelt sich in Nebel, und um die Schweißgeräte bildet sich unheimlicher grüner Dampf. Weißer, stinkender Qualm steigt von der Grube auf. Männer rufen. Das herabstürzende Metall verursacht ein Geräusch wie der Ozean, wenn er ans Ufer brandet. Der Geruch von verbrannten Kabeln, von Moder aus den U-Bahntunnels und der süße, bittere, an Kirschen erinnernde Geruch des Todes liegen in der Luft.

CHARLIE LEDUFF
24. SEPTEMBER 2001

Arbeiter zerlegen die Stahltrümmer, damit sie von der Unglücksstelle abtransportiert werden können. 20. Oktober 2001.

EDWARD KEATING/NYT

Der Einsturz

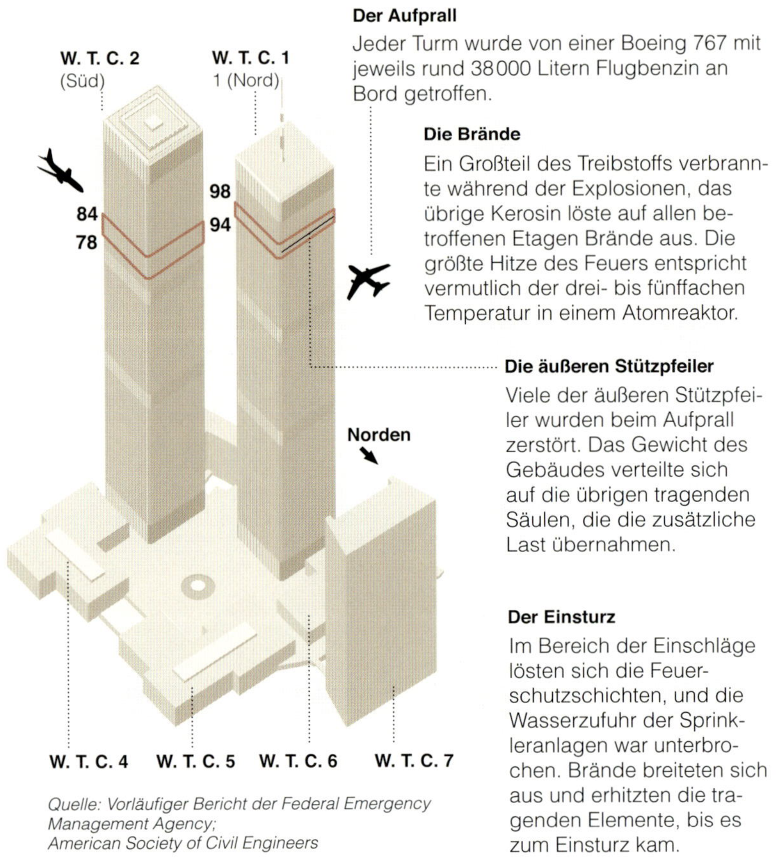

THE NEW YORK TIMES; ILLUSTRATION: JOHN PAPASIAN

Ein im Auftrag der amerikanischen Bundesregierung erstellter Bericht über den Einsturz der Türme kommt zu dem Schluss, dass am 11. September in den Zwillingstürmen durch die enorme bis zu 1100 °C heiße Feuersbrunst, deren Hitzeentwicklung der Energieleistung eines Kernkraftwerks gleichkam, die Feuerschutzschichten geschmolzen und die Wasserzufuhr zu Sprinkleranlagen und Hydranten unterbrochen wurde.

Der Bericht, von dem der New York Times eine Kopie vorliegt, liefert eindeutige Belege, die viele der Theorien über die Vorgänge in den Türmen am 11. September stützen und sie gleichzeitig widerlegen.

Normalerweise sind Feuerschutzeinrichtungen so ausgelegt, dass sich ein starker, hoch auflodernder Brand »ausbrennen« kann, bevor es zum Einsturz des Gebäudes kommt. Nach Angaben des Berichtes jedoch fielen viele Feuerschutzvorrichtungen der Türme aus, was beunruhigende Fragen zu Sicherheit und etwaigen Mängeln anderer hoher Gebäude im Falle eines außer Kontrolle geratenen Feuers aufwirft. Allerdings lässt sich die wirkliche Bedeutung dieser Ausfälle aufgrund der außerordentlichen Umstände nur schwer beurteilen, heißt es in dem Bericht weiter.

In diesem vorläufigen Bericht wird auch in keiner Weise erörtert, warum der Südturm zuerst zusammensackte, obwohl er doch nach dem Nordturm getroffen wurde. Die Suche nach einer Erklärung hierfür könnte sich zu einem weiteren umstrittenen Thema ausweiten. Die Frage bezieht sich auch auf ein Programm, das nach dem Bombenanschlag auf die Türme 1993 initiiert wurde, wonach die feuerfeste Schicht auf den leichten Stahlträgern, auf denen die Decken ruhten, verstärkt werden sollte.

Im Bericht wird auch auf die dichte Anordnung der jeweils drei Treppenschächte hingewiesen, die dazu geführt haben könnte, dass sie alle auf einmal beschädigt wurden. Auch verfügten diese Nottreppen über eine relativ leichte Umhüllung aus Trockenbauwänden, die nur wenig Schutz bot. Dies waren einige der Gründe, warum Tausende von Menschen oberhalb der Einschlagstelle in der Falle saßen.

Dennoch muss man den Gebäuden und der Notbeleuchtung in den Treppenschächten zugute halten, dass die meisten Menschen unterhalb der Einschlagstellen entkommen konnten.

James Glanz und Eric Lipton
29. März 2002

Südturm

Einschlag: 9:02:54 Uhr **Einsturz:** 9:59:04 Uhr

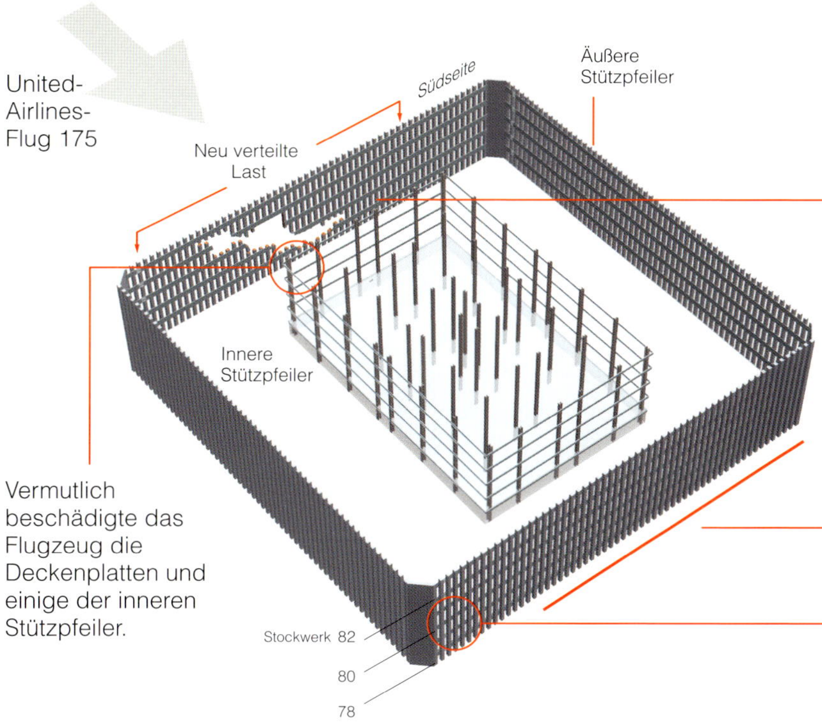

Die normalerweise von den zerstörten äusseren Stützpfeilern getragene Last wurde auf tragende Elemente daneben verlagert. Man nimmt an, dass das zusätzliche Gewicht noch im Rahmen der Tragfähigkeit der Stützpfeiler lag. Zunächst nehmen die Decken nahe der Einschlagstelle horizontal in einem Umkreis von etwa 20 Metern grossen Schaden.

Vermutlich wurde durch den Einschlag die Wasserzufuhr zu Sprinkleranlagen und Standrohren unterbrochen, die somit nicht funktionsfähig waren. Doch auch ohne Beschädigung wären diese Vorrichtungen vermutlich nutzlos gewesen. Das sich beim Aufprall rasend schnell ausbreitende Feuer hätte so viele Sprinkler ausgelöst, dass es rasch zu einem Druckausfall im System gekommen wäre. Zudem war das Feuer so gewaltig, dass die Sprinkler wenig hätten ausrichten können.

Die heftigsten Brände.

Auf dieser Seite des Gebäudes lief geschmolzenes Material, vermutlich Aluminium des Flugzeugs, an der Aussenwand hinab.

Nordturm

Einschlag: 8:46:26 Uhr **Einsturz:** 10:28:31 Uhr

Als das Flugzeug durch das Gebäude pflügt, entsteht eine Kerosinwolke, die sofort explodiert, wobei schätzungsweise 3500 bis 10 000 Liter Flugbenzin verbrennen. Die Druckwelle lässt Fensterscheiben zerspringen, richtet aber keine grösseren Schäden an den tragenden Teilen an.

Menschen im 91. Stock berichteten von Unmengen Schutt in diesem Bereich des Gebäudes, was darauf schliessen lässt, dass Teile der darüber liegenden Stockwerke eingestürzt waren.

Stockwerke, die zuvor von den beschädigten Teilen der Aussenwand getragen wurden, stürzten vermutlich auf einer Länge von bis zu 20 Metern ein.

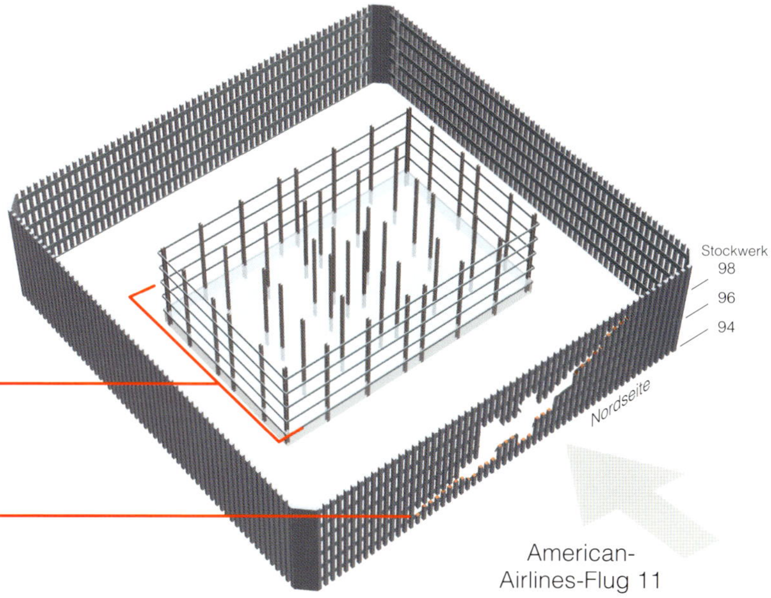

Die Einschläge

Einige Flugzeugteile durchschlugen die Gebäude in ihrer ganzen Breite und prallten bis zu sechs Blocks entfernt auf. Schwimmwesten und Teile der Sitze wurden auf dem Dach eines Gebäudes in der Nähe gefunden.

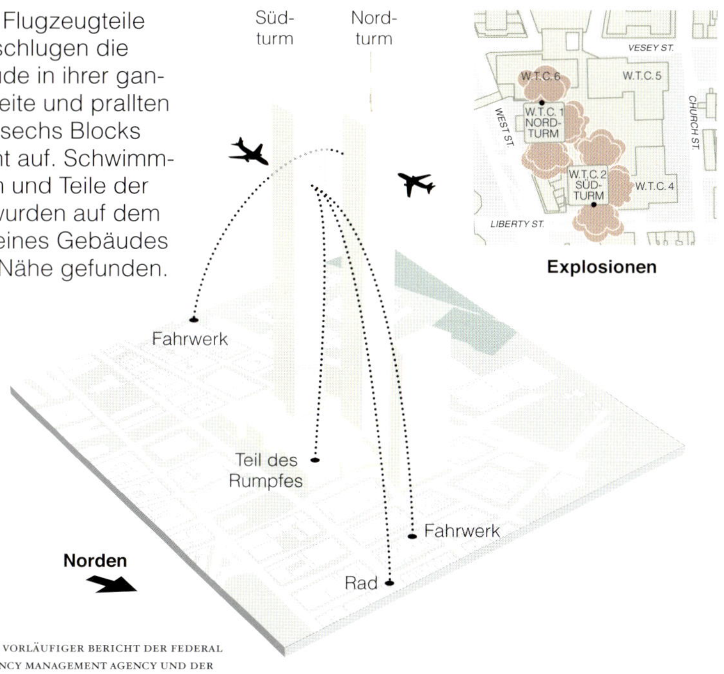

Quelle: Vorläufiger Bericht der Federal Emergency Management Agency und der American Society of Civil Engineers

Die Einstürze

Südturm

1. Teilweiser Einsturz eines Stockwerks an der Südostecke.
2. Einsturz des gesamten Stockwerks entlang der Ostseite, wobei die Stützpfeiler an der Ostseite nacheinander von Süden nach Norden einknicken.
3. Die Spitze des Gebäudes dreht sich nach Osten und Süden, und es stürzt ein.

Nordturm

1. Die Fernsehantenne fällt um, was einen Zusammenbruch der inneren Stützpfeiler vermuten lässt.
2. Der Gebäudeteil oberhalb der Einschlagstelle sackt im Ganzen ab und presst dabei ein Luftkissen nach unten.
3. Die von der Luft angefachten Feuer im Bereich des Einschlags erzeugen den Eindruck einer Explosion.

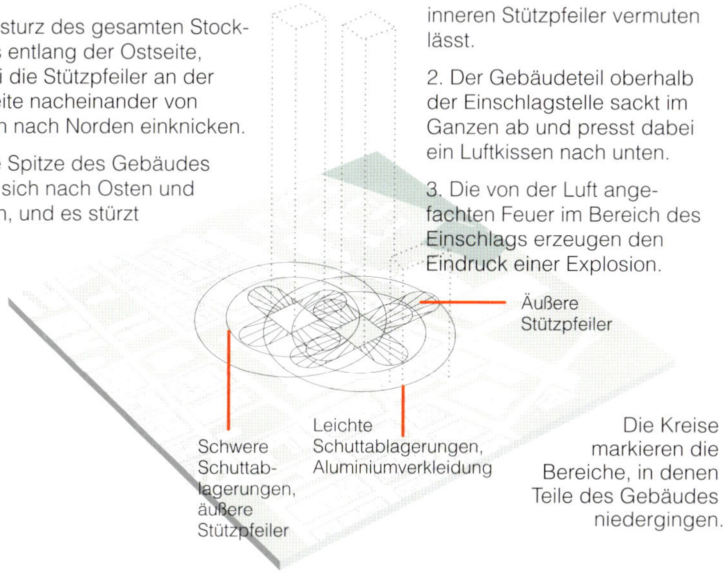

Die Kreise markieren die Bereiche, in denen Teile des Gebäudes niedergingen.

Baden Copeland, Mika Gröndahl, William McNulty, Sarah Slobin und Archie Tse/NYT

FOTOS: FRED R. CONRAD/NYT

Nach einer ersten Vorsortierung wird der Schutt des World Trade Center auf dem Gelände der Müllkippe Fresh Kills ausgebreitet. Ermittlungsbeamte durchforsten die Trümmer und ziehen Gegenstände von Personen wie Kleidungsfetzen heraus. 19. Oktober 2001.

Auch Ausweise und Kreditkarten (oben) sowie Uhren (rechts) zählen zu den vielen Gegenständen, die auf der Müllkippe gefunden wurden und ihren Eigentümern oder deren Familien übergeben werden. 14. Januar 2002.

Ein Arbeiter im Schutzanzug mit seiner Ausrüstung, Gabeln und Schaufeln, auf der Müllhalde Fresh Kills. 10. Oktober 2001.

Eine grauenvolle Aufgabe

Allein durch Versuch und Irrtum haben die Polizei und andere staatliche Organisationen ein Verfahren entwickelt, um die Trümmer zu sortieren. Auf einem rund 55 Hektar großen Plateau aus Müll, das sich über 50 Meter hoch in der Mitte von Staten Island erhebt, wurden Einrichtungen geschaffen, um die Beweisstücke zu sichten.

Dreihunderttausend Tonnen Schutt, etwa ein Viertel der Gesamtmenge der Unglückstrümmer, wurden per Lastkahn und Lastwagen zur Müllhalde transportiert. Dort arbeiten an die 300 Ermittler in 12-Stunden-Schichten und haben inzwischen etwa zwei Drittel des Berges akribisch durchforstet.

Mittlerweile haben sie über 1 700 Leichenteile und 1 600 persönliche Gegenstände von Schmuck über Kreditkarten bis zum Schlüsselbund gefunden, die zur Identifizierung von einer der Tausenden noch immer als vermisst geltenden Personen führen könnten. Viele Dinge, die nicht notwendigerweise bei der Identifizierung von Nutzen sind, werden dennoch aufgehoben. Für die Familien, denen nicht viel mehr als das geblieben ist, könnten sie von großem Wert sein. Die Polizei plant, die Gegenstände zu katalogisieren, so dass sie den Familien bald und in angemessener Weise übergeben werden können.

Dan Barry und Amy Waldman
21. Oktober 2001

New York ist eine Stadt, die einem zunehmend das Herz zerreißt, ohne Aussicht auf Linderung. »Es ist schlimmer, als man sich das überhaupt jemals vorstellen kann«, sagte der Feuerwehrmann Rudy Weindler, der zwölf Stunden weitgehend erfolglos zwischen Rauch und Trümmern nach Überlebenden suchte.

Bob Herbert
Kommentarseite
13. SEPTEMBER 2001

Ein Feuerwehrmann wird am 1. Januar 2002 aus der Ruine geborgen.

EDWARD KEATING/NYT

Letzte Ehren

CHESTER HIGGINS JR./NYT

Überreste des World Trade Center wurden in Tausende von Urnen gefüllt, die man den Familien der Opfern übergab.

In einer feierlichen und würdevollen Aktion füllten Polizeibeamte mindestens 4 000 kleine runde Urnen aus poliertem afrikanischem Mahagoni mit pulverisierten Überresten des Anschlags. Die Urnen wurden den Familien der Opfer Ende Oktober während eines Gedenkgottesdienstes überreicht.

Drei Tonnen zu je 210 Litern wurden am Ground Zero abgefüllt und von einem Kaplan gesegnet, bevor sie von einer Polizeieskorte zur Police Plaza transportiert wurden. Dort wurden sie erneut gesegnet und in einen kleinen, gereinigten und frisch gestrichenen Raum gebracht. Die Tonnen sind mit amerikanischen Flaggen bedeckt. Zwei Ehrenwachen, den Blick stets geradeaus gerichtet, halten rund um die Uhr Wache.

Die Erde wird von den Tonnen in eine von der Polizei eigens zu diesem Zweck angefertigte Holzkiste umgefüllt, die an einen kleinen Sarg erinnert. Die Kiste wird nach nebenan gebracht und dort auf einen der schwarz verhüllten Tische gestellt.

Ein Beamter füllt einen großen Löffel voll Erde in eine Plastiktüte. Das braune, ein wenig mit Grau durchsetzte Erdreich sieht ungesund aus. Es knirscht ein wenig, wenn man den Löffel hineintaucht, und die Erde ist so dicht, dass der Löffel darin von allein stehen bleibt.

Ein weiterer Beamter faltet die Tüte auf die Hälfte, dann verschließt er sie mit einem roten Band und legt sie in die knapp 13 Zentimeter hohe Urne, auf der das Datum des Anschlags eingraviert ist. Ein Beamter mit weißen Handschuhen bringt die Urne zum nächsten Tisch, wo andere Beamte sie mit zwei Kreuzschlitzschrauben versiegeln. Behandschuhte Hände bringen die Urne zu einem weiteren Tisch, wo sie sorgfältig geprüft und anschließend in einem weißen Stoffbeutel verwahrt wird.

Jede Urne, verpackt in einem blauen Samtsäckchen, wurde in einer schwarzen Schachtel überreicht. Auf Wunsch kann die Familie eine gravierte Namensplakette auf der Oberseite anbringen.

Amy Waldman
15. Oktober 2001

RICHARD PERRY/NYT

Ein aus den Trümmern geborgenes Fragment des Stahlgerüsts wurde aufgerichtet.

In Memoriam

GEORGE M. GUTIERREZ FÜR NYT

Beerdigung eines Rettungsdienstmitarbeiters auf dem Friedhof Mount Hope. 14. September 2001.

SUZANNE DECHILLO/NYT

Feuerwehrmänner sprechen ein Gebet bei der Beerdigung von Mychal F. Judge, dem Franziskanermönch und Kaplan der Feuerwehr von New York City. 15. September 2001.

RICHARD PERRY/NYT

Beerdigung von Terence Hatton, Feuerwehrhauptmann von New York City, in der St. Patrick's Cathedral. 4. Oktober 2001.

JUSTIN LANE FÜR NYT

Ein Trauergottesdienst für Angehörige der New Yorker Feuerwehr F.D.N.Y. in der St. Patrick's Cathedral in New York City. 5. November 2001.

RICHARD PERRY/NYT

Oben und rechts: Am 26. Oktober 2001 kamen etwa 10 000 Menschen zu einer Jobbörse in den Madison Square Garden.

Die neuen Arbeitslosen

Die Terroristen mögen bei ihrem Anschlag auf das World Trade Center versucht haben, den amerikanischen Kapitalismus und dessen »Masters of the Universe« an der Wall Street zu vernichten. Doch die wirtschaftlichen Folgen des Anschlags richten ganz andere zugrunde: Köche, Taxifahrer, Verkäufer und Näherinnen.

Einer neuen Untersuchung des Arbeitsamts des Staates New York zufolge hatten Beschäftigte in Bereichen mit seit jeher niedrigen Löhnen, wie Restaurants, Hotels, Einzelhandel und Transportwesen, besonders unter den Auswirkungen des 11. September zu leiden.

Und ein gestern veröffentlichter Bericht des arbeitnehmerfreundlichen Instituts für Fiskalpolitik prognostiziert, dass bis zum Jahresende nahezu 80 000 Menschen ihren Arbeitsplatz verlieren werden, wobei 60 Prozent dieser Jobs ein Einkommen von durchschnittlich 23 000 Dollar pro Jahr aufwiesen, weit weniger als der städtische Durchschnitt von rund 58 000 Dollar jährlich.

Leslie Eaton und Edward Wyatt
6. November 2001

Arbeitslose nach den Anschlägen

Die zehn am stärksten von den Ereignissen des 11. September betroffenen Berufsgruppen

Berufsgruppe	Geschätzte Entlassungen	Durchschnittslohn pro Stunde in Dollar
Bedienungspersonal	4225	7,08
Reinigungs- und Wartungskräfte	3365	14,90
Einzelhandel-Verkaufspersonal	2843	9,15
Küchenhilfen	2284	8,90
Kassierer und Kassiererinnen	2282	7,36
Hausangestellte	1840	13,42
Küchenhilfen und Angestellte in Schnell-Restaurants	1718	7,09
Manager und leitende Angestellte	1367	51,34
Führungskräfte im Verkauf	1183	22,42
Führungskräfte im Dienstleistungsbereich	1070	16,46

Quelle: Fiscal Policy Institute THE NEW YORK TIMES

EDWARD KEATING/NYT

Die Furcht vor Milzbrand

Am Ground Zero wüteten noch immer die Feuer, und die fieberhafte Suche nach Überlebenden ging weiter, als Sprecher der Gesundheitsbehörde von New York eine eindringliche Warnung veröffentlichten. Möglicherweise sei der Terroranschlag noch nicht vorbei, mit diesen Worten alarmierte die Stadt Hunderte von Ärzten und Notaufnahmestationen. Ein Anschlag mit Milzbrandsporen, Botulismus, Pocken oder sogar Pest könne bevorstehen.

Diese Warnung, die am 12. September noch vor Sonnenaufgang veröffentlicht wurde, sollte sich als beunruhigend zutreffend herausstellen: Der größte Bioterroranschlag in der Geschichte der Vereinigten Staaten nahm soeben seinen Anfang. Und bevor er auf mysteriöse Weise nach etwa drei Monaten im Sande verlief, hatten fünf Menschen den Tod gefunden und weitere 18 sich mit Anthrax infiziert oder standen unter Milzbrandverdacht.

Doch trotz der frühzeitigen Warnung in New York und durch andere vorbeugende Hinweise von staatlichen Stellen blieb der Anschlag mit Milzbrand nahezu einen Monat lang unentdeckt, da die Menschen zwar erkrankten, ihre Krankheit jedoch nicht sogleich erkannt wurde. Als die Nachrichten zuerst in Florida, dann in New York, dann in Washington und New Jersey und schließlich in Connecticut ans Licht kamen, wurde die Nation von an Panik grenzender Nervosität erfasst. Die Sache wurde noch dadurch verschlimmert, dass staatliche Stellen, darunter auch Wissenschaftler, schlicht zugaben, dass sie weder etwas über den Verbreitungsgrad wussten, noch wie tödlich die Bedrohung war oder wer dafür verantwortlich sein könnte.

Die Angst wuchs, als plötzlich verseuchte Briefe auftauchten, im NBC-Nachrichtenstudio im Rockefeller Center in New York, im Büro von Senator Tom Daschle aus South Dakota auf dem Kapitol, im Hauptpostamt der New Yorker Post in Manhattan. Das Kapitol der Vereinigten Staaten wurde geschlossen. Der Gouverneur von New York verließ sein New Yorker Stadtbüro. Zu Tausenden wurden Polizeiwachen im ganzen Land mit Berichten über verdächtige Päckchen überschwemmt. Sogar die Krümel von mit Puderzucker bestreuten Doughnuts gaben Anlass zu Notrufen über die Nummer 911. Die Nachfrage nach Antibiotika stieg sprunghaft an, und in einigen Apotheken war das wirksamste Medikament gegen Milzbrand ausverkauft.

Schließlich wurden vier verseuchte Briefe gefunden, und Einiges deutete darauf hin, dass zumindest drei weitere abgeschickt worden waren. Die mit Anthrax präparierten Briefe enthielten rätselhafte Drohungen, die scheinbar auf einen eindeutigen Zusammenhang zu den Anschlägen auf das World Trade Center und das Pentagon hinwiesen: »9. 11. 2001. Niemand kann uns aufhalten. Wir haben Anthrax. Jetzt werdet ihr sterben. Habt ihr Angst?« So lautete der Brief an Senator Daschle, der am 18. September in Trenton, New Jersey, abgestempelt war. War dies ein weiterer Anschlag ausländischer Terroristen? Oder waren die Verweise auf den 11. September, auch die Worte »Allah ist gross« in einem der verseuchten Schreiben, nur ein Ablenkungsmanöver einer einheimischen Terroristenvereinigung oder eines einzelnen, wütenden Amerikaners, der versuchte, vom anhaltenden Entsetzen nach den Anschlägen auf das World Trade Center und das Pentagon zu profitieren?

Untersuchungen zeigten, dass jeder der verseuchten Briefe mit Sporen ein- und desselben so genannten Ames-Strangs des Bacillus anthracis infiziert war, der erstmals 1981 von einer Kuh in Texas isoliert wurde. Dies führte das FBI schließlich zu der Annahme, der Schuldige könne für eines der mikrobiologischen Laboratorien, die mit diesem Strang zu tun hatten, arbeiten oder mit ihm in Verbindung stehen. Doch im Lauf der Ermittlungen verstärkten sich die Zweifel daran. Kaum eine Hand voll Epidemiologen und Ärzte hatte jemals einen Milzbrandfall gesehen, wie konnte man da von ihnen erwarten, ihn zu erkennen und zu behandeln?

Zunächst schienen Nachrichtensender, Presse und ausgewählte Politiker das Ziel zu sein. Zu spät erkannten die Gesundheitsbehörden, dass auch Mitarbeitern der Post Gefahr drohte. Zwei Angestellte der Post in Washington, D. C., starben letzten Oktober, einige Wochen nachdem Robert Stevens, ein Fotoredakteur des in Boca Raton, Florida, ansässigen Boulevardblatts The Sun, als erster einer Milzbrandinfektion erlegen war. Die Postverteilungszentren in Washington und New Jersey wurden geschlossen.

Für die führenden Wissenschaftler und Ärzte in den staatlichen Centers for Disease Control and Prevention (C.D.C.), Zentren für die Erforschung und Vorbeugung von Krankheiten, war dies äußerst peinlich, da sie im Brustton der Überzeugung erklärt hatten, nur für Menschen, die direkt mit unverschlossenen verseuchten Sendungen in Kontakt kämen, bestünde ein Risiko. Doch nach dem Tod der Postangestellten erkannten die Mediziner, dass sich auch Postsortierer und Briefträger mit der Krankheit infizieren konnten. Dann erkrankte eine 61-jährige allein stehende Frau aus der Bronx, die in einem kleinen Krankenhaus in Manhattan gear-

RHONA WISE/AGENCE FRANCE-PRESSE

Ein Mitarbeiter einer Spezialeinheit des FBIs und ein Feuerwehrmann am 11. Oktober bei einer Anthraxuntersuchung vor dem Gebäude von American Media in Boca Raton, Florida. Drei Menschen in diesem Gebäude waren mit den Bakterien in Kontakt gekommen, und einer von ihnen war gestorben.

beitet hatte, und starb. Erst nachdem eine weitere Frau, eine 94-jährige Witwe aus Connecticut, an einer Anthraxinfektion starb, kamen die Gesundheitsbehörden zu dem Schluss, dass die tödlichen Erreger auch durch einen x-beliebigen Brief, der in einem Postamt mit einer der verseuchten Sendungen in Kontakt gekommen war, übertragen werden konnten.

Als es gegen Ende des Jahres keine neuen Anzeichen für mit Milzbrandsporen verseuchte Briefe mehr gab, waren die staatlichen Gesundheitsbeamten insgeheim sehr erleichtert. Fünf Menschen waren zwar ums Leben gekommen und nahezu 20 weitere erkrankt, doch der Albtraum eines Anschlags von Bioterroristen, der Tausende von Menschleben gefordert hätte, war nicht Realität geworden. Allmählich kehrte wieder Ruhe ein, und Berichte über mögliche Anthraxfälle verschwanden schnell.

Doch diese vereinzelten Anschläge reichten aus, um ernsthafte Schwächen in der Reaktion der Gesundheitsbehörden aufzudecken. Mehrere Milliarden aus Bundesmitteln wurden eingesetzt, um das Land besser gegen einen bioterroristischen Angriff zu wappnen. Örtliche Gesundheitsämter, die Ärzte in Notaufnahmen und andere mussten besser geschult werden. Millionenfach wurden auf Vorrat Antibiotika gegen Anthrax und Pockenimpfstoffe angefordert. Neue Laboratorien mussten eingerichtet werden, um die Flut von Proben bewältigen zu können, die im Falle eines neuen Epidemieverdachts rasch getestet werden müssten.

Die Bundesbehörden erklärten, dass die Furcht vor dem, was hätte sein können, sie ansporne. »Für mich sind die schlimmsten Augenblicke die, wenn mir bewusst wird, dass so tragisch es für die Betroffenen ausging, dies ein wirklich kleiner Zwischenfall war im Vergleich zu dem, was hätte passieren können«, sagte Dr. Julie Gerberding, die die Antraxermittlungen leitete.

Eric Lipton

MICHAEL SYPNIEWSKI FÜR NYT

In diesen Briefkästen vor dem Princeton Postamt in West Windson, New Jersey, wurden Spuren von Anthrax gefunden. 28. Oktober 2001.

TRENTON, NJ 080
PM
18 SEP
2001
USA
34

EDITOR
NEW YORK POST
1211 AVE. OF THE AMERICAS
NEW YORK NY 10036
10036+8701

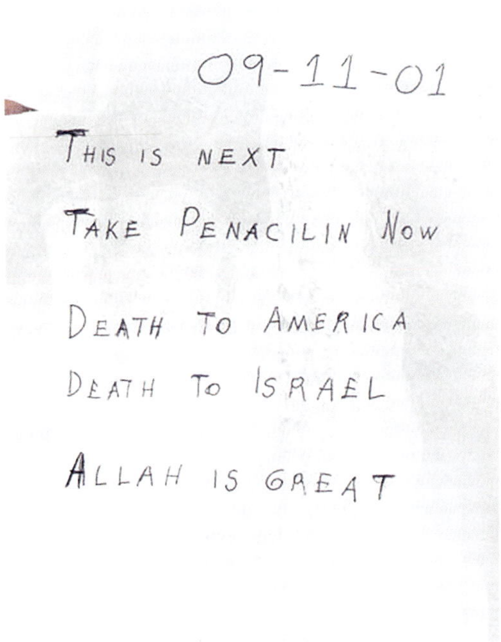
09-11-01

THIS IS NEXT

TAKE PENACILIN NOW

DEATH TO AMERICA

DEATH TO ISRAEL

ALLAH IS GREAT

Ein mit Milzbrandsporen infiziertes Schreiben an die New York Post.

Anthrax und die Flugzeug-entführer

Als die beiden Männer im letzten Juni zur Notaufnahme ins Holy Cross Hospital in Fort Lauderdale kamen, wiesen sie sich als Piloten aus. Einer von ihnen hatte eine hässliche, dunkle Wunde am Bein, die er sich, wie er sagte, zwei Monate zuvor zugezogen hatte, als er gegen einen Koffer stieß. Dr. Christos Tsonas kam die Verletzung sonderbar vor, aber er säuberte sie, verschrieb Antibiotika gegen die Infektion und schickte die Männer wieder fort, ohne sich weiter darüber Gedanken zu machen.

Als nach dem 11. September jedoch die Ermittler das Medikament bei den Habseligkeiten eines der Entführer, Ahmed al-Hasnawi, fanden, holte Dr. Tsonas den Fall noch einmal hervor und revidierte seine Diagnose. Die Wunde, so sagte er in einem Interview, »entsprach einer Infektion mit Hautmilzbrand«.

Dr. Tsonas' Aussage fügte sich in eine scheinbar schlüssige Indizienkette ein. Einige der Entführer, unter ihnen auch al-Hasnawi, wohnten in Boca Raton, Florida, wo sie auch die Flugschule besuchten, unweit von American Media Inc., dem Arbeitsplatz des ersten Anthraxopfers. Einige Entführer mieteten Apartments über eine Maklerin, die mit einem Redakteur der Sun, einer Zeitung von American Media, verheiratet war.

Zudem erzählte im Oktober ein Apotheker in Delray Beach, Florida, er habe dem FBI berichtet, dass zwei der Entführer, Mohamed Atta und Marwan al-Shehhi, wegen eines Medikaments gegen Hautreizungen an Attas Händen zu ihm in die Apotheke gekommen seien.

Was ihn beträfe, sagte Dr. Tsonas, so glaube er, dass die Entführer vermutlich im Besitz von Milzbranderregern waren. »Warum haben sie sich sonst Flugzeuge zur Schädlingsbekämpfung angesehen?« fragte er und wiederholte so die Befürchtung von Experten, die Entführer hätten vielleicht tödliche Keime freisetzen wollen. »Das sind einfach zu viele Zufälle.«

William J. Broad und David Johnston
23. März 2002

STEPHEN CROWLEY/NYT

Da die Bürogebäude auf dem Kapitol am 19. Oktober für die Dauer der Untersuchungen nach einer möglichen Kontamination mit Antraxsporen von den Ermittlern geschlossen wurden, mussten sich Senatoren wie Patrick J. Leahy (links) und Strom Thurmond (sitzend) für ihre Sitzungen mit den Empfangsräumen begnügen.

Ein ägyptisches Passfoto von Mohamed Atta. 1996.

Den Terror planen

Von wenigen Ausnahmen abgesehen betrachtete Mohamed Atta alle Amerikaner, die ihm begegneten, mit derselben Verachtung, die sein Vater einst seinen Nachbarn in Kairo entgegenbrachte. Er war höflich, wenn es sein musste, doch seine Sanftmut, an die sich seine Freunde in Ägypten und Deutschland erinnern, war ebenso verschwunden wie sein Bart. Er kam im Juni 2000 auf dem Internationalen Flughafen von Newark an und war die nächsten 15 Monate nahezu ständig unterwegs. Zunächst absolvierte er in Florida eine Ausbildung zum Piloten, und während der ersten neun Monate im Jahr 2001 reiste er durch die USA und mindestens zweimal nach Europa.

Die furchtbare Effizienz des Anschlags erforderte einen Anführer mit Präzision und Disziplin, und offensichtlich erfüllte Atta diese Voraussetzungen. FBI-Ermittler berichteten einem Ausschuss des Repräsentantenhauses, dass Atta im Herbst 2000, als er gerade mitten in der Flugausbildung in Venice, Florida, steckte, aus einer Quelle in den Vereinigten Arabischen Emiraten eine telegrapfische Überweisung von 100 000 Dollar erhielt. Die Ermittler glauben, dass das Geld von Mustafa Ahmad stammt, vermutlich ein Deckname für Sheikh Said, den Chef-Finanzier Osama bin Ladens.

Die meiste Zeit verbrachte Atta im Jahr 2001 anscheinend damit, Kontakte zu anderen Entführern oder Mitverschwörern zu knüpfen. Zweimal reiste er nach Spanien, im Januar und im Juli, und die Behörden untersuchen noch, ob er sich dort mit Al-Qaida-Kontaktleuten traf. Florida nutzte er als Basis für seine Reisen durch die USA, darunter auch Ausflüge nach Atlanta, wo er ein Flugzeug mietete, nach New Jersey, wo er sich möglicherweise mit anderen Entführern traf. Von überall führte er Gespräche auf seinem Handy und hielt sich stets eine gewisse Zeit in Internetcafés auf, um seine E-mail-Korrespondenz zu erledigen, so etwa im Computerladen Cyberstore in Las Vegas, wo die Kunden ein Videospiel über Terroristen spielen können.

Obwohl Atta als Perfektionist galt, machte er doch Fehler. Brad Warrick, Besitzer einer Autovermietung in Südflorida, wo Atta zwei Tage vor dem Anschlag sein Auto abgab, fand die Quittung eines Geldautomaten und eine weiße Post-it-Haftnotiz, die zu Hauptbeweisstücken wurden. Attas Entscheidung, kurz vor den Anschlägen 4 000 Dollar ins Ausland zu überweisen, hinterließ eine elektronische Spur, von der die Ermittler glauben, sie bis zu al-Qaida zurückverfolgen zu können. Und schließlich fanden die Behörden sein Gepäck am Bostoner Logan Airport mit seinem Testament. Unklar bleibt, ob die Tasche einfach nur den Anschlussflug verpasste. Vielleicht wollte der introvertierte, akribische Planer, der glaubte, nach Gottes Willen zu handeln, aber auch sicher gehen, dass die Welt seinen Namen erfährt.

Mohamed Atta und Abd al-Asis al-Umari beim Betreten und 20 Minuten später beim Verlassen eines Wal-Mart-Supermarkts in Scarborough, Maine. 10. September 2001.

Mr. Yardley nach Berichten von Neil MacFarquhar, Jim Yardley und Paul Zielbauer
10. Oktober 2001

Die Nacht davor

Die letzte Nacht auf Erden schliefen die beiden Terroristen in einem Comfort Inn Hotel an einem gesichtslosen Straßenzug zwischen Tankstellen und Fastfood-Lokalen in Portland, Maine.

Unterwegs in einem gemieteten silberblauen Nissan Altima hielten sich Mohamed Atta und Abd al-Asis al-Umari überwiegend entlang einer breiten Vorortstraße mit der Bezeichnung Maine Mall Road auf: 15 Minuten im Pizza Hut, ein kurzer Stopp an einer Tankstelle und etwa 20 Minuten in einem Wal-Mart in Scarborough, dem nächsten Ort.

Auch an zwei Bankautomaten machten sie Halt. An einem davon wurde al-Umari grinsend von der Überwachungskamera erfasst, während Atta, der mutmaßliche Anführer der Terroranschläge vom 11. September, ungerührt und ernst aussieht.

»Sie haben nichts anderes gemacht als jeder, der aus einem anderen Bundesstaat kommt, bei seinem Besuch in Maine tun würde«, sagte Stephen McCausland, ein Sprecher des Ministeriums für Öffentliche Sicherheit von Maine. »Sie gingen essen, sie haben ihren Wagen aufgetankt und waren im Wal-Mart.«

»Irgendwie unheimlich, wenn man weiß, dass die beiden zentralen Gestalten bei diesem fürchterlichen Ereignis sich in der Nacht davor so normal verhielten«, fügte McCausland hinzu.

Pam Belluck
5. Oktober 2001

Zwölf Stunden bevor sie ein Flugzeug ins World Trade Center lenkten, wurden Abd al-Asis al-Umari (im Vordergrund) und Mohamed Atta (oben links im Hintergrund) von einer Überwachungskamera eines Bankautomaten in South Portland, Maine, fotografiert. 10. September 2001.

Acht Athleten der US-Mannschaft tragen die amerikanische Flagge während der Eröffnungszeremonie für die Olympischen Winterspiele 2002. Die zerrissene Flagge war an der Unglücksstelle des World Trade Center geborgen worden. Salt Lake City, Utah, 8. Februar 2002.

RUTH FREMSON/NYT

JOHN F. BURNS/NYT

»Der Dschihad ist der schnellste Weg ins Paradies« – »Harkat-ul-Mudschaheddin«, so lautet eine Urdu-Inschrift im Distrikt Malakand und zitiert damit eine militante Islamistengruppe. Swat-Tal, Pakistan. 3. Dezember 2001.

IV
Die Herausforderung im Ausland

Ein ungewisser Sieg

John F. Burns

Amerika und der Welt blieben nur 16 Minuten des Zweifels, die Zeitspanne bis das zweite Flugzeug in die Zwillingstürme raste. Mit dem Einschlag im Südturm war klar, dass es sich um einen Akt des Terrorismus handelte und nicht um einen albtraumhaften Unfall. Für all jene, die über die bösartigsten Spielarten des militanten Islamismus Bescheid wussten, und wie sehr diese vom flammenden Hass auf Amerika genährt wurden, war nun klar, dass es von diesem Augenblick an nur einen Hauptverdächtigen gab, Osama bin Laden.

In den neun Jahren vor dem 11. September hatte dieser seine Kreise immer enger gezogen. Während seiner Lehrzeit in der finsteren Kunst des Terrorismus begnügte er sich zunächst mit weniger ehrgeizigen Projekten. Als er schließlich zuschlug, war Amerika so überwältigt wie fast 60 Jahre zuvor beim Angriff auf Pearl Harbor. Doch heute wie damals ließ seine Reaktion nicht lange auf sich warten.

Noch bevor Präsident George W. Bush am Abend des 11. September nach Washington zurückgekehrt war, nahm ein Kriegsplan Gestalt an. Da die al-Qaida von ihren Zufluchtsstätten in Afghanistan aus operierte, war zunächst ein Hauptstützpunkt zu Lande in dieser Region erforderlich. Aus politischen und geografischen Gründen fiel die Wahl auf Pakistan mit seiner rund 2 250 km langen Landesgrenze in unmittelbarer Nähe zu den Festungen der Taliban und der al-Qaida im südlichen Afghanistan. Am Nachmittag des 11. September wurde der Chef des pakistanischen Nachrichtendienstes, Generalleutnant Mahmud Ahmed, der sich gerade zu Besuch in Washington aufhielt, ins Außenministerium bestellt. Dort wurde ihm mitgeteilt, was rasch zur Maxime Washingtons bei der Formierung einer Allianz im Krieg gegen den Terrorismus wurde: Wer nicht für uns ist, ist gegen uns, und wehe dem, der sich auf die Seite der Terroristen schlägt. Innerhalb einer Woche entschied sich Pakistan. Rasch wurden fünf Luftwaffenstützpunkte im ganzen Land den amerikanischen Streitkräften zur Verfügung gestellt, und der pakistanische Luftraum wurde für amerikanische Kampfflugzeuge freigegeben, die von Flugzeugträgern im Arabischen Meer und von Landstützpunkten wie dem rund 4 000 km entfernten Diego Garcia im südlichen Indischen Ozeans starteten. Der militärische Geheimdienst Pakistans ISI teilte den Amerikanern mit, was er über die militärische Schlagkraft der Taliban und der al-Qaida sowie über die von deren Anführern bevorzugten Schlupfwinkel wusste. Die pakistanischen Mullahs, die an der Spitze der islamisch-fundamentalistischen Gruppierungen des Landes standen und gegen das neue Bündnis des pakistanischen Präsidenten, General Pervez Musharraf, mit Amerika eintraten, wurden zurückgedrängt. Das war der erste Schritt zu einer gemeinsamen Anstrengung, sich in den folgenden Monaten aus dem Würgegriff fundamentalistischer Gruppen zu befreien. Diese hatten Schlüsselpositionen des öffentlichen Leben in Pakistan besetzt.

VINCENT LAFORET/NYT

Ein Taliban-Anhänger lauscht antiamerikanischen Ansprachen der religiösen Führer. Quetta, Pakistan. 2. Oktober 2001.

In der Nacht vom 7. Oktober begann das amerikanische Bombardement. Eines der ersten Ziele war ein Gelände in Kandahar, das dem Anführer der Taliban, Mullah Mohammed Omar, als Zuhause und Hauptquartier diente. In den Jahren vor dem 11. September hatten dieser und Osama bin Laden eine enge, um nicht zu sagen symbiotische Beziehung zueinander entwickelt, wobei bin Laden Mullah Omar, so unwahrscheinlich dies klingt, zum neuen Kalifen der muslimischen Welt ausrief, und Mullah Omar, ein 43-Jähriger ohne nennenswerte Bildung, sich bin Ladens Anschauung anschloss, Afghanistan könne Ausgangspunkt für einen muslimischen Aufschwung sein, der schließlich die Macht der Amerikaner brechen werde. Während der heftigen amerikanischen Angriffe verschwanden beide Männer, so dass amerikanische Kommandanten monatelang nur ihrem Schatten hinterherjagten. Dennoch trug der amerikanische Kriegseinsatz entscheidend dazu bei, die Taliban-Regierung zu stürzen, was zum Tod oder zur Vertreibung von Tausenden Taliban- und Al-Qaida-Kämpfern führte und somit den Traum von Afghanistan als der Keimzelle einer weltweiten islamischen Revolution platzen ließ. Doch selbst dies, so schien es eine Zeit lang, bedurfte einer größeren Anstrengung, als man gedacht hatte. Denn noch mehrere Wochen nach Beginn der Bombardements hielten die von Al-Qaida-Kämpfern unterstützten Stellungen der Taliban den rund um die Uhr mit Bombern und Kampfjets geflogenen Angriffen ebenso stand wie den Attacken mit Marschflugkörpern. Doch gerade, als alles darauf hindeutete, dass die islamischen Milizen den bitterkalten afghanischen Winter durchstehen würden, brach am 13. November die Front der Taliban im Norden Kabuls zusammen.

POOL PHOTO: ED WRAY

Kampfjets auf dem Flugzeugträger USS Theodore Roosevelt im Arabischen Meer. 30. November 2001.

Neun Wochen nach Beginn der Bombardements waren Mitte Dezember die Taliban überall vertrieben worden, aus Kabul, Jalalabad und Kandahar im Süden des Hindukusch-Gebirges, aus Herat im Westen sowie aus Mazar-i-Sharif und Kunduz im Norden. In Kabul übernahm die Nordallianz die Macht, eine Koalition aus Streitkräften verschiedener ethnischer Gruppierungen wie Tadschiken, Usbeken und Hazara. Ein Jahr zuvor waren sie zu kleinen Widerstandsnestern gegen die Taliban im nördlichsten Teil Afghanistans, das kaum 10 Prozent des Landes ausmacht, zusammengeschrumpft. Im südlich gelegenen Herzen Afghanistans, dem Land der Paschtunen, die die größte Bevölkerungsgruppe darstellen und zugleich die eigentliche Basis der Taliban bildeten, wurde die Macht den von den Amerikanern favorisierten örtlichen Rebellenführern übertragen. Das Unterdrückungsregime der Taliban in weiten Teilen des Landes wurde nun von der Macht der Gewehre der Rebellenführer abgelöst.

Amerika und seine westlichen Verbündeten in diesem Krieg, allen voran Großbritannien, Frankreich und Deutschland zusammen mit weiteren NATO-Mitgliedsstaaten, machten sich daran, das von den Taliban hinterlassene Machtvakuum schnell zu füllen. Auf einer Konferenz in Bonn stimmten afghanische Delegierte, die das gesamte Spektrum der Taliban-feindlichen Gruppierungen repräsentierten, nach langem Ringen der Bildung einer Übergangsregierung unter der Leitung des von den USA favorisierten Stammesführers der Paschtunen, Hamid Karsai, zu. Doch da die Paschtunen auch nach dem Sturz der Taliban noch sehr zersplittert waren, lag die wahre Macht nun in den Händen der Tadschikenführer der Nordallianz, die mit dem Innen-, Verteidigungs- und Außenministerium die wichtigsten Ressorts übernahmen.

Die Karsai-Regierung sollte nach ihrem Amtsantritt Ende Dezember die 30-monatige Übergangszeit bis zu den für Juni 2004 geplanten Wahlen einleiten. Sie selbst sollte zunächst nur für die Dauer von sechs Monaten im Amt bleiben, wobei die traditionelle afghanische Ratsversammlung, die Loja Dschirga, in der Zwischenzeit eine Übergangsregierung auf breiterer Basis bestimmen sollte. Das Karsai-Kabinett erhielt schnell Unterstützung, als sich die reichsten Staaten der Welt auf ihrer Konferenz im Januar in Tokio verpflichteten, zunächst einen Beitrag von 4,5 Milliarden Dollar zum Wiederaufbau zu leisten. Doch schon früh zeichnete sich ab, dass die Befehlsgewalt der neuen Regierung an der Stadtgrenze von Kabul endete. Nur die 4 500 Mann starke, unter britischer Führung stehende internationale Friedenstruppe Isaf sicherte ihre Macht. Doch der Wirkungsbereich der Isaf war auf

Kabul beschränkt, und die westlichen Mächte erfüllten Karsais wiederholt geäußerte Mindestanforderung für einen erfolgreichen Übergang zur Stabilität nicht: eine auf 20 000 bis 30 000 Mann erweiterte internationale Truppe, die in der Lage wäre, die Rebellenführer in Schach zu halten und über Kabul hinaus im Land für Bedingungen zu sorgen, unter denen die ehrgeizigen Pläne zum Wiederaufbau umgesetzt werden könnten.

Sogar in Kabul gab es Anzeichen für ernst zu nehmende Risse in der Regierung. Kaum zwei Monate nach ihrem Amtsantritt wurde einer der Minister, Abdul Rahman, am Flughafen ermordet, nach Karsais Ansicht von einer Verschwörung hochrangiger Regierungsmitglieder. Die offizielle Version lautete, der Mordanschlag sei aus persönlichen Gründen erfolgt, aus Groll gegen Rahman, einen Tadschiken, der die Nordallianz während der Taliban-Herrschaft verlassen hatte, um sich jenen Paschtunen anzuschließen, die die Wiedereinsetzung des früheren Königs Mohammed Zahir Schah anstrebten, eines Paschtunen, der fast 30 Jahre in Rom im Exil gelebt hat.

JAMES HILL FÜR NYT

In einem Flüchtlingslager im Norden Afghanistans warten Frauen auf die Verteilung von Lebensmitteln. 1. Oktober 2001.

Während sich die Karsai-Regierung abmühte, wurde deutlich, dass Taliban und al-Qaida trotz ihrer Verdrängung aus den Städten noch immer eine ansehnliche Streitmacht im Hinterland aufbieten konnten. Beim ersten großen Einsatz von Bodentruppen in diesem Krieg stieß im März eine 1 200 Mann starke amerikanische Infanterieeinheit im Shah-i-Kot-Tal, knapp 145 km südlich von Kabul, auf Taliban- und Al-Qaida-Kämpfer. Acht Amerikaner sowie drei Soldaten der afghanischen Allianz kamen dabei ums Leben, und amerikanische Kommandeure warnten vor weiteren Widerstandsnestern im übrigen Land, die die Anwesenheit des amerikanischen Militärs in den nächsten Monaten noch erforderlich machen könnten. Auch aus Pakistan kamen nicht nur gute Nachrichten für die USA. Anfang des Jahres wurde General Musharraf, der vor dem 11. September noch als Usurpator eines Militärregimes gemieden wurde, als verlässlicher Freund der Vereinigten Staaten im Weißen Haus empfangen. Doch im eigenen Land bewiesen militante Islamisten gerade zu diesem Zeitpunkt, dass es mit ihrer Brutalität noch lange nicht vorbei war. Ein am 21. Februar dem FBI in Karachi zugespieltes Videoband zeigt eine Milizengruppe bei der Enthauptung Daniel Pearls, eines vier Wochen zuvor in der Stadt entführten Reporters des Wall Street Journal. Am Sonntag, dem 17. März, warfen zwei gewalttätige Anhänger in der pakistanischen Hauptstadt Islamabad Granaten in eine protestantische Kirche während des morgendlichen Gottesdienstes. Dabei wurden fünf Menschen getötet, darunter auch die Frau und die 17-jährige Tochter eines amerikanischen Diplomaten.

Sechs Monate nach dem 11. September lautete die bittere Erkenntnis, dass es den Vereinigten Staaten und ihren Verbündeten zwar gelungen war, das Regime der Taliban zu zerschlagen, jedoch waren sie gescheitert, diese als Macht im Lande gänzlich auszulöschen. Zugleich hatten sie die al-Qaida ihrer sicheren Operationsbasis, die diese in Afghanistan eingerichtet hatte, beraubt, jedoch zur Aushebung des Al-Qaida-Netzwerks, das sich nach Aussagen von amerikanischen Antiterrorexperten über möglicherweise mehr als 60 Staaten erstreckt, war bis dahin kaum etwas unternommen worden. Und obwohl die pakistanische Regierung geschworen hatte, islamische Milizen zu unterdrücken, nachdem sie diese jahrelang unterstützt hatte, hatten diese radikalen Gruppierungen bewiesen, dass sie weiterhin gefährlich waren.

So schien denn, frei nach Winston Churchill, der dergleichen am Wendepunkt eines anderen Krieges anmerkte, das Frühjahr 2002 nicht das Ende des amerikanischen Krieges gegen den Terrorismus zu markieren, ja nicht einmal den Anfang vom Ende, sondern vermutlich nur das Ende vom Anfang.

Aus Kabul

POOL PHOTO: DAVE MARTIN

Ein Hubschrauber vom Typ CH-53E-Super-Stallion der Marine überfliegt Camp Rhino im südlichen Afghanistan. 8. Dezember 2001.

Der heilige Krieg gegen Amerika

Banden aufgebrachter Demonstranten zogen heute durch die Straßen von Quetta, zerstörten und verbrannten alles, was amerikanisch oder westlich aussah, an einem Tag, an dem der Zorn über die Luftangriffe auf Afghanistan auch Pakistan, den Staat mit dem weltweit zweitgrößten muslimischen Bevölkerungsanteil, erfasste.

Die Demonstranten in Quetta, nach Polizeischätzungen zwischen 10 000 und 20 000, waren außerordentlich gewalttätig. Sie warfen Steine auf das Hauptquartier des Flüchtlingswerks der Vereinten Nationen unweit des Flughafens und setzten die nahe gelegene Unicef-Außenstelle in Brand, wobei fünf Autos zerstört wurden.

Douglas Frantz
9. Oktober 2001

Taliban-Anhänger bei einer Kundgebung schmähen die USA. Islamabad, Pakistan. 28. September 2001.

RUTH FREMSON/NYT

ROBERT NICKELSBERG/GETTY IMAGES

Ein Junge mit einer Spielzeugpistole wird von einer anti-amerikanisch gesinnten Menge bei einer Kundgebung hochgehalten. Rawalpindi, Pakistan. 5. Oktober 2001.

RUTH FREMSON/NYT

Ein Demonstrant fängt Feuer, als eine amerikanische Flagge in Flammen aufgeht. Die Polizei setzte Tränengas ein, um die Menschenmengen mit bis zu tausend Teilnehmern unter Kontrolle zu bringen. Peshawar, Pakistan. 8. Oktober 2001.

VINCENT LAFORET/NYT

Nach einer antiamerikanischen Protestkundgebung beweint die Mutter des 13-jährigen Hamid Ullah seinen Leichnam in einem Rettungswagen. Kushlaq, Pakistan. 9. Oktober 2001.

Flammender Islam

Während der ersten Woche der amerikanischen Luftangriffe glich Quetta einer Stange Dynamit mit brennender Lunte. Tausende zogen protestierend durch die Straßen, schrien antiamerikanische Parolen, schlugen Fenster ein und warfen brennende Fackeln in Läden und Kinos. Fünf Menschen wurden von der Polizei hier und in einem nahe gelegenen Dorf getötet. Die Geschäfte blieben tagelang geschlossen.

Douglas Frantz
9. Oktober 2001

ASSOCIATED PRESS

Osama bin Laden in Afghanistan. April 1998.

Osama bin Laden

Sein Gesicht ist überall und nirgends. Er wurde märchenhaft reich geboren, doch vermutlich haust er jetzt in Wüstenhöhlen. Er wirkt wie ein gewinnender Asket und könnte doch Anstifter zum Massenmord sein. Von seiner Familie, seinem Land und seiner Religion geächtet, wird er dennoch von Millionen wegen seines Heiligen Krieges gegen Amerika geliebt. Mythos und Realität vermischen sich wie der Rauch über den Ruinen des World Trade Center. Wer ist dieser Mann?

Für die Regierung der USA ist der 44-jährige Exil-Saudi der meistgesuchte Mann in der Geschichte, der Begründer und Anführer eines Terrornetzwerks mit dem Namen al-Qaida (Das Basislager), das in den letzten zehn Jahren 5 000 oder mehr Kämpfer im Sudan und in Afghanistan ausgebildet und sie in möglicherweise 50 Ländern stationiert hat, wo sie darauf warten zuzuschlagen. Nach Aussage der amerikanischen Behörden haben sie bereits mehrmals zugeschlagen: Bin Laden steckt als Planer, Geldgeber oder Anstifter hinter dem Bombenattentat auf das World Trade Center von 1993 (sechs Tote), den Anschlägen auf zwei amerikanische Botschaften in Afrika im Jahr 1998 (224 Tote) und dem Angriff auf den Zerstörer Cole im Jemen im Jahr 2000 (17 Tote) sowie hinter den entführten Linienmaschinen, die am 11. September in die Türme des World Trade Centers rasten, das Pentagon beschädigten und in Pennsylvania abstürzten (mit mehreren Tausend Toten).

Für Millionen von Amerikanern repräsentiert bin Ladens Gesicht, das sie täglich im Fernsehen und auf den Titelblättern der Magazine und Zeitungen sehen, die Fratze des Bösen. Viele halten ihn bereits für schuldig am Tod von Tausenden, obwohl er noch nicht einmal gefunden, geschweige denn verurteilt wurde.

Für Millionen von Menschen in der islamischen Welt, die Amerika wegen seiner in ihren Augen dekadenten Kultur und seines Imperialismus hassen, ist er ein Held, der ein bequemes Leben aufgab, um im Namen Allahs gegen die Ungläubigen zu kämpfen, der Tötungsaktionen mit mysteriösen Auslegungen des Korans rechtfertigt und sie auch durchführt.

Für die Taliban, die extremistischen islamischen Geistlichen, die in Afghanistan regierten und ihm seit 1996 Unterschlupf gewährten, ist er ein spiritueller und politischer Verbündeter und auch eine Geldquelle, wenngleich seine Anwesenheit zunehmend zur Belastung wird.

Und für die, die ihm am nächsten sind, ist er der Familienvater, der mit seinen drei Frauen und 15 Kindern von Höhle zu Höhle flieht, der jede Nacht mit Dutzenden von Leibwächtern, einer von ihnen als sein Double, in einer Karawane aus mit Raketen bewaffneten Fahrzeugen weiterzieht.

Bin Laden genoss eine von Privilegien und bester Erziehung geprägte Kindheit in Saudi-Arabien. Der Krieg gegen die Sowjets in Afghanistan in den 80er Jahren veränderte ihn schlagartig. Nach Angaben der Ermittler ging er Anfang der 90er fünf Jahre lang in den Sudan, um sein Netzwerk aufzubauen und sein Vermögen zu vervielfachen, dann zog es ihn nach Afghanistan in den Krieg.

Der junge Mann, eines von 52 Kindern eines aus dem Jemen eingewanderten Maurers, der zum reichsten Bauunternehmer Saudi-Arabiens aufstieg, durchlief eine Entwicklung von jungenhafter Frömmigkeit über jugendliche Ausschweifungen in den Bars von Beirut bis zum Rückfall in islamistische Inbrunst.

Osama bin Laden wurde 1957 als 17. von 24 Söhnen in Saudi-Arabien geboren. Seine Mutter war Syrerin oder Palästinenserin, eine der vielen Frauen von Mohammed bin Oud bin Laden, der 1932 aus dem benachbarten Jemen immigrierte und durch seine Freundschaft zum Staatsgründer König Abdel Aziz al-Saud den Auftrag erhielt, das Straßennetz des Landes aufzubauen und die Heiligtümer von Mekka und Medina, die heiligsten Stätten des Islam, zu restaurieren. Heutzutage hat die saudische Bin-Laden-Gruppe weltweit 35 000 Mitarbeiter und verfügt über ein Vermögen von 5 Milliarden Dollar.

Osama war 11 oder 12 Jahre alt, als sein Vater 1968 bei einem Flugzeugabsturz ums Leben kam. Man weiß nicht genau, wie viel er geerbt hat; die Berichte schwanken zwischen 20 und 80 Millionen Dollar bis hin zu 300 Millionen. In jedem Fall war er als Junge unvorstellbar reich. Er war, gut 1,95 Meter groß, von schlankem und hohem Wuchs und überragte seine Klassenkameraden und Freunde.

»Er ist weder politisch noch organisatorisch besonders begabt«, sagte ein früherer Gefolgsmann bin Ladens, dessen Deckname Abdullah Anas ist. »Aber er ist ein Aktivist von großem Einfallsreichtum. Er aß stets sehr wenig. Er schlief sehr wenig. Er war freigebig mit seinen Kleidern. Und er war freigebig mit seinem Geld.«

Amerikanische Agenten stießen erstmals 1993 im Zuge ihrer Ermittlungen wegen des ersten Bombenanschlags auf das World Trade Center auf die weltumspannenden Ambitionen bin Ladens, auch wenn die Beweiskette für dessen direkte Beteiligung nicht schlüssig ist.

1994 entzog ihm Saudi-Arabien die Staatsbürgerschaft, und seine Familie verstieß ihn. Islamische Führer anderer Länder, die daran Anstoß nahmen, dass er Mord mit dem Koran zu rechtfertigen suchte, wollten nichts mehr mit ihm zu tun haben.

Zu diesem Zeitpunkt betrachteten die amerikanischen Behörden bin Laden als einen Staatenlosen, der den Terrorismus finanziell unterstützte. Washington drängte den Sudan, ihn des Landes zu verweisen, was 1996 tatsächlich geschah. Er kehrte nach Afghanistan zurück. Es dauerte nicht lange, und die Taliban ließen ihn ihr Land als ein, wie Anas es nannte, »Ausbildungslager für den weltweiten Dschihad« nutzen.

Robert D. McFadden
30. September 2001

Der Glaube der Wahhabiten

Der Glaube, der Osama bin Laden und seine Gefolgsleute antreibt, ist eine besonders strenge und konservative Ausprägung des Islam, der so genannte Wahhabismus, der auch bei der Gründung der saudischen Monarchie eine Rolle spielte. Im Laufe ihrer Geschichte haben die Wahhabiten alles energisch bekämpft, was in ihren Augen »bida« ist, ein arabisches Wort, das üblicherweise als Fluch ausgestoßen wird. Damit wird jede Veränderung oder Modernisierung bezeichnet, die von den fundamentalistischen Lehren des Koran abweicht.

So wurden etwa das Telefon, das Radio und die Schulbildung für Frauen als Erfindungen des Teufels verurteilt. 1965 brachen nach der Einführung des Fernsehens Unruhen aus und konnten erst niedergeschlagen werden, als die Polizei auf die Demonstranten schoss. Auch heute noch kommt es zu ähnlichen Spannungen. Vor kurzem empfahl eine Richtlinie, dass die Musik-Jingles, die beim Klingeln von Mobiltelefonen ertönen, aus religiösen Gründen verboten werden sollten.

Immer wenn sich die Kräfte des Wandels durchsetzten, dann mit dem Argument, dass die Neuerung dazu beitragen könne, den Koran weiter zu verbreiten. Konnte dies nicht geltend gemacht werden, stockte der Fortschritt. So gibt es in Saudi-Arabien beispielsweise keine Kinos, da sie die unsittliche Begegnung der Geschlechter fördern würden, und Frauen dürfen nicht Auto fahren.

Doch vor allem sind die Wahhabiten der Überzeugung, dass ihr Glaube sich weiter verbreiten sollte, ohne einmal eroberte Regionen jemals wieder aufzugeben. So war Saudi-Arabien auch einer der wichtigsten Geldgeber der Mudschaheddin, die dafür kämpften, die gottlosen Kommunisten aus dem muslimischen Afghanistan zu vertreiben, und bin Laden wurde dafür zum Aushängeschild.

Die Unerbittlichkeit, mit der die Wahhabiten für ihre Sache kämpfen, ist legendär. Ein arabischer Historiker beschreibt die Anhänger der im 18. Jahrhundert gegründeten Bewegung, wenn sie in den Kampf zogen, wie folgt: »Ich habe gesehen, wie sie sich völlig frei von Todesangst auf ihre Feinde stürzten, ohne Rücksicht auf eigene Verluste rückten sie Reihe um Reihe vor, mit nur einem Ziel vor Augen, der Vernichtung des Feindes. Normalerweise gewährten sie keine Gnade, schonten weder Jungen noch alte Männer.«

Neil MacFarquhar
7. Oktober 2001

Übersetztes Exemplar eines in Afghanistan abgeworfenen Steckbriefes, auf dem eine Belohnung für die Ergreifung bin Ladens und seines hochrangigen Beraters Ayman al-Zawahiri ausgesetzt ist.

Ein Videoband zeigt bin Laden, wie er über die Terroranschläge spricht. US-Beamte übersetzten das aufgezeichnete Gespräch aus dem Arabischen ins Englische. Ort unbekannt. Veröffentlicht am 13. Dezember 2001.

JOHN MACDOUGALL/AGENCE FRANCE-PRESSE

Afghanische Jungen halten ein Paket mit Süßigkeiten hoch, die mit Osama bin Laden werben. Kandahar, Afghanistan. 14. Dezember 2001.

ARIF ALI/AGENCE FRANCE-PRESSE

Ein Mann riecht an einem Parfüm, das den Namen des Al-Qaida-Führers trägt. Lahore, Pakistan, 21. Dezember 2001.

DADANG TRI/REUTERS

Straßenhändler in Jakarta, Indonesien. 25. November 2001.

Das Geschäft mit dem Helden

Hochglanzposter, die Osama bin Laden auf dem Rücken eines weißen Hengstes oder eine Kalaschnikow schwingend zeigen, verkaufen sich auf Quettas chaotischem Basar so schnell, wie sie gedruckt werden. Auch Osama-T-Shirts und in sein bärtiges Konterfei gehüllte Schokolade erfreuen sich großer Beliebtheit.

Die Unterstützung für ihn und die Sympathie für die den vernichtenden Bombenangriffen der Amerikaner ausgesetzte afghanische Bevölkerung ist im benachbarten Pakistan nach wie vor sehr groß, vor allem in der Grenzregion, in der die Zugehörigkeit zur jeweiligen Volksgruppe und religiöse Unruhestifter eine entscheidende Rolle spielen.

Viele Menschen, die vor dem 11. September wenig oder nichts von dem meistgesuchten Mann der Welt wussten, betrachten ihn nun als Helden, nicht wegen der Anschläge auf die USA, sondern weil die gewaltige Kampagne, ihn zu fangen oder zu töten, sein Ansehen erhöht hat.

Douglas Frantz
22. Oktober 2001

Soldaten der Taliban behalten ausländische Journalisten auf einer Rundfahrt durch Kandahar genau im Auge. Die Menge bedrängte die Journalisten, und einige Menschen riefen antiamerikanische Parolen. Kandahar, Afghanistan. 3. November 2001.

ROBERT NICKELSBERG/GETTY IMAGES

AMIR SHAH/ASSOCIATED PRESS

Soldaten der Taliban einen Tag nach den ersten amerikanischen und britischen Luftangriffen. Kabul, Afghanistan. 8. Oktober 2001.

Die Taliban

»Manchmal dachte ich, die Taliban kämen aus einem anderen Jahrhundert«, sagte Peter Goosens, stellvertretender Direktor des Welternährungsprogramms WFP in Afghanistan. »Und manchmal dachte ich, sie kämen von einem anderen Planeten.«

Die Taliban traten als die Repräsentanten eines ganzen Landes auf, doch es gelang ihnen nur, die Gefolgschaft ihrer eigenen Volksgruppe, der Paschtunen, zu gewinnen, und zu guter Letzt verloren sie auch diese. Heute weiß man, dass sie sich gegen Ende nur mit Hilfe des Drogenhandels, pakistanischer Unterstützung und der Großzügigkeit des meistgesuchten Mannes der Welt über Wasser halten konnten.

Dexter Filkins
31. Dezember 2001

JAMES HILL FÜR NYT

Gegenüber dem letzten Monat hat sich am Frontverlauf nicht viel verändert, wobei 15 000 Mann der Nordallianz, der wichtigsten Oppositionsgruppe, einer Streitmacht der Taliban von landesweit schätzungsweise 40 000 Soldaten gegenüberstehen.

Ohne bei seinen Einsätzen im Süden von einer aktiven Widerstandsbewegung profitieren zu können, versuchte das Pentagon, das Beste aus den freundlich gesinnten einheimischen Truppen zu machen: Dazu gehört die Nordallianz, ein loser Verband aus Usbeken und Tadschiken, die die Taliban im Norden des Landes seit längerem bekämpfen.

Michael R. Gordon
8. November 2001

Uniformierte Reservisten der Nordallianz marschieren über eine ausgedörrte Ebene bei Khwaja Bahaouddin im Norden Afghanistans. 5. Oktober 2001.

Ein Seemann auf dem Weg zum Flugzeugträger USS Theodore Roosevelt. Norfolk, Virginia. 19. September 2001.

Auf in den Kampf

Im ersten Kriegsmonat haben die Vereinigten Staaten ohne viel Aufhebens die Anzahl der eingesetzten amerikanischen Streitkräfte nahezu verdoppelt und so noch einmal ihre wachsende Entschlossenheit bekräftigt, an einer Auseinandersetzung festzuhalten, die bereits jetzt etwa zehn Millionen Dollar pro Tag verschlingt, wobei die Kosten täglich steigen. Nach Aussage des Pentagons befinden sich heute mehr als 50 000 amerikanische Soldaten in einem Gebiet im Einsatz, das vom Roten Meer bis zum Indischen Ozean reicht. Mehrere Tausend werden zur weiteren Unterstützung in den Nachbarländern Afghanistans erwartet, ferner zusätzliche Kampfflugzeuge und anderes Gerät.

Etwa die Hälfte der gesamten amerikanischen Streitkräfte vor Ort, ca. 25 000 Mann, befinden sich an Bord von Kriegsschiffen, die im Norden des Arabischen Meeres im Einsatz sind, doch wesentlich höhere Zahlen, als das Pentagon zuvor bekannt gab, werden auf den Stützpunkten zu Lande in der Region stationiert, darunter auch mehrere Hundert Soldaten und Marines in Pakistan.

Mehr als 400 amerikanische Flugzeuge, darunter see- und landgestützte Kampfjets sowie Langstreckenbomber, fliegen täglich mehrere Angriffe und werden dabei von Aufklärungs-, Transport- sowie Tankflugzeugen in genau abgestimmten Einsätzen unterstützt. Dazu gehören auch Flugzeuge, die weiterhin in der Flugverbotszone über dem südlichen und nördlichen Irak patrouillieren und von denen einige für die Kampfhandlungen abgezogen wurden.

Darüber hinaus befinden sich fast zwei Dutzend amerikanische Kriegsschiffe im nördlichen Arabischen Meer, darunter Atom-U-Boote, eine Landungstruppe mit der 15. Erkundungseinheit der Marines und zwei Flugzeugträger, die Theodore Roosevelt und die Carl Vinson. Der dritte Flugzeugträger, die Kitty Hawk, ist ebenfalls in diesem Gebiet im Einsatz und hat eine unbekannte Anzahl von Spezialhubschraubern und Soldaten an Bord.

Michael R. Gordon
8. November 2001

Ein Kampfjet hebt vom Deck der USS Theodore Roosevelt ab. Vor Norfolk, Virginia. 19. September 2001.

POOL PHOTO: BRENNAN LINSLEY

Im Suchflug über den Bergen auf dem Weg von Tadschikistan nach Afghanistan, unweit von Khwaja Bahaouddin, Afghanistan. Soldaten einer Spezialeinheit halten Ausschau vom offenen Heck des Chinook-Hubschraubers eines Sondereinsatzkommandos. 15. November 2001.

Verbrannte Erde

Trotz der allerneuesten Präzisionstechnik vertraute das Pentagon auch auf einige seiner ältesten Waffen, um die Bodentruppen der Taliban anzugreifen und ihren Kampfeswillen zu brechen.

Nach dem Vietnamkrieg aufgerüstete B-52-Bomber werfen Dutzende ungelenkter 250-Kilogramm-Bomben über den Truppen der Taliban ab, die sich entlang der Front verschanzt halten. Schwerfällige AC-130-Spectre-Kampfhubschrauber überziehen die feindlichen Stellungen mit großkalibrigem Maschinengewehr- und Geschützfeuer wie vor mehr als dreißig Jahren in Südostasien.

Auf dem Schlachtfeld gibt es einige Gebiete, in denen es den Oberkommandierenden eher auf eine größtmögliche Bestrafung als auf Präzision ankommt. So griff die Luftwaffe letztes Wochenende die Front der Taliban-Streitkräfte mit zwei 7 500 Kilogramm schweren BLU-82-Bomben, so genannten »Daisy Cutters – Gänseblümchen-Mähern« an, eine der schlagkräftigsten konventionellen Waffen im amerikanischen Arsenal, die ebenfalls noch aus der Zeit des Vietnamkriegs stammt. Die Bomben haben im Umkreis von mehreren Hundert Metern eine verheerende Wirkung.

Michael R. Gordon
8. November 2001

Soldaten einer Spezialeinheit in Stellung nahe der Qala-Jangi-Festung kurz vor dem Angriff auf die Taliban-Häftlinge, die sich dort aufhalten. Bei Mazar-i-Sharif, Afghanistan. 26. November 2001.

OLEG NIKISHIN/GETTY IMAGES

JAMES HILL FÜR NYT

»Heute haben wir große Fortschritte gegen die Taliban erzielt«, erklärt Mamur Hassan, ein erfahrener Kommandant der Allianz, als sich die Gefechte bis zum Sonnenuntergang hinzogen. »Wir haben einen Frontabschnitt der Taliban eingenommen, und wir haben viele Taliban-Kämpfer getötet. Morgen werden wir es wieder versuchen.«

Dexter Filkins
11. November 2001

Truppen der Nordallianz überqueren in der Nähe der Qala-Jangi-Festung ein Schlachtfeld mit den gefangenen Taliban-Kämpfern. Bei Mazar-i-Sharif, Afghanistan. 28. November 2001.

Verbände der Nordallianz auf dem Weg nach Kabul zerren einen verwundeten Taliban-Kämpfer aus einem Frontgraben. Als er um Gnade bittet, richten sie ihn auf, schießen ihm in die Brust und schlagen ihn mit einem Gewehrkolben und einer Panzerabwehrrakete. 12. November 2001.

FOTOS: TYLER HICKS/GETTY IMAGES FÜR NYT

Die Hinrichtung

In der Nähe eines verlassenen Unterstands zerrten heute Soldaten der Nordallianz einen verwundeten Taliban-Kämpfer aus dem Schützengraben. Als der verängstigte Mann um sein Leben bat, stellten ihn die Soldaten auf die Beine.

Sie durchsuchten ihn und leerten seine Taschen. Dann feuerte ihm ein Soldat zwei Salven in die Brust. Ein weiterer schlug mit seinem Gewehrkolben auf den leblosen Körper ein. Ein dritter rammte seine Panzerabwehrrakete mehrmals gegen den Kopf des Mannes.

Die Ermordung erfolgte nur wenige Minuten nachdem Soldaten der Nordallianz auf ihrem Weg nach Kabul weit in das Gebiet der Taliban vorgedrungen waren. Sie feierten ihren Erfolg mit Hinrichtungen. Dieses Morden zeigt, dass sich die Soldaten der Nordallianz im Zuge ihrer Siege als immer schwerer kontrollierbar erweisen könnten.

Die Soldaten reagierten unterschiedlich auf die Leichen. Nahezu alle blieben stehen und schauten sich die Toten an. Einige suchten sie nach Wertgegenständen ab. Einer bedeckte in einer würdevollen Geste eine der Leichen mit einem Tuch.

David Rohde
13. November 2001

JAMES HILL FÜR NYT

In einem koordinierten Angriff bombardierten amerikanische Kampfjets Stellungen der Taliban. Am Nachmittag säumten Wolkenpilze von Bomben- und Raketeneinschlägen den Horizont, und die Kondensstreifen der amerikanischen Flugzeuge zogen lange weiße Linien am Himmel.

Dexter Filkins
11. November 2001

Ein Mann hält am Straßenrand inne zum Gebet, während zwei amerikanische Kampfjets über den Stellungen der Taliban kreisen. Bei Desti Qala, Afghanistan. 11. November 2001.

Die nach einem Bombenangriff der Amerikaner von herabrutschendem Geröll blockierte Straße nach Tangi Tashqurghan wurde von drei Afghanen wieder passierbar gemacht. 15. Dezember 2001.

Ein Ehrfurcht einflössendes Land

In Afghanistan ist die Natur von herausragender Bedeutung. Sogar die Gesichter der Afghanen, die nun in Tausenden Fotos festgehalten werden, scheinen nur ein menschliches Spiegelbild der Geografie dieses Landes zu sein: nichts als Furchen und Falten, ausgetrocknet und rau.

Um sich ein Bild von diesem Krieg hier zu machen, genügt die Vorstellung, man kämpfe im Grand Canyon oder beim Escalante National Monument oder vielleicht auf dem Mond, zwischen Felsblöcken und tiefen Spalten, mitten unter Gesteinsbrocken, die so mächtig sind und so eigenwillig platziert, als ob eine göttliche Hand sie dorthin gesetzt hätte.

Dexter Filkins
9. November 2001

Schura-Kämpfer aus dem Osten sehen zu, wie ein amerikanischer B-52-Bomber einen Abschnitt des Tora-Bora-Gebirges bombardiert. 9. Dezember 2001.

»Wir versorgen die Widerstandskämpfer mit Munition, Nahrungsmitteln und Decken«, berichtete General Richard B. Myers, oberster Generalstabschef. »Und wir hoffen, in nicht allzu ferner Zukunft auch mit winterfester Ausrüstung. Die Widerstandstruppen, die auf unserer Seite kämpfen, werden für die kalte Jahreszeit weit besser gerüstet sein als die Taliban.«

Michael R. Gordon
8. November 2001

Ein Wachposten der Nordallianz mit Panzerabwehrrakete. Salong, Afghanistan. 9. November 2001.

TYLER HICKS/GETTY IMAGES FÜR NYT

RUTH FREMSON/NYT

Abdul Haq, Kommandant im Krieg Afghanistans gegen die Sowjets, bei einem Interview in seinem Haus. Peshawar, Pakistan. 1. Oktober 2001.

Ungleiche Verbündete

Der Notruf aus Afghanistan traf am 18. Oktober im Hauptquartier der CIA ein. Robert C. McFarlane, Ronald Reagans Berater für Nationale Sicherheit, war am Telefon und übermittelte schlechte Neuigkeiten. Abdul Haq befinde sich in Afghanistan und sei von Taliban-Truppen eingekesselt. Er brauche Hilfe, und zwar rasch.

Die CIA und ein Verbindungsoffizier der US-Einsatzleitung nahmen die Koordinaten von Haqs Standort auf. Ein Luftangriff sei bereits angeordnet, sagte McFarlane. Aber es war schon zu spät. Stunden später verkündeten die Taliban, dass sie Haq gefangen genommen und hingerichtet hätten.

Patriotismus, Rache und der Traum vom Ruhm hatten Haq aus dem Exil zurück nach Afghanistan getrieben. Sein Land, seine Frau und seinen Sohn, alles hatten ihm die Feinde genommen. Er wollte zurückschlagen. Er war ein Mann mittleren Alters auf einem Maultier, ein aus privaten Mitteln finanzierter Kämpfer, der versuchte, die Taliban zu stürzen.

Das US-Außenministerium war voll des Lobes. »Sein ganzes Leben lang trat dieser Gentleman vornehmlich für den Aufbau einer Regierung in seinem Land ein, die von einer breiten Basis unterstützt werden sollte«, erklärte der Sprecher des Außenministeriums, Richard Boucher.

Michael R. Gordon und Tim Weiner
27. Oktober 2001

Ein Soldat der Nordallianz rennt während eines amerikanischen Bombenangriffs zu seinem Unterstand. Deu Saraka, Afghanistan. 22. Oktober 2001.

TYLER HICKS/GETTY IMAGES FÜR NYT

Die Nordallianz bleibt eine weithin unerprobte Streitmacht, und die Schwierigkeiten, sie in ihrer Gesamtheit oder auch nur einige ihrer Splittergruppen zu führen, wurden im Pentagon heute nur allzu deutlich. »Es gibt nicht *die* Nordallianz«, erklärte Victoria Clarke, Sprecherin des Pentagons. »Es existieren verschiedene Truppenverbände. Und außerdem die ethnischen Volksgruppen im Süden. Und dann noch unter den Taliban selbst Gruppierungen, die das Taliban-Regime ablehnen.«

MICHAEL R. GORDON
8. NOVEMBER 2001

RUTH FREMSON/NYT

Amerikanische Marines in ihrem Basislager auf dem Gelände des Flughafens von Kandahar. 16. Dezember 2001.

Einnahme des Flughafens von Kandahar

Heute am frühen Morgen rollte eine Vorhut der Marines in gepanzerten Fahrzeugen auf den Flughafen außerhalb von Kandahar, festigte so ihre Stellung am Schauplatz schwerer Kämpfe gegen die Taliban und machte den Weg frei für Nachschub- und Hilfslieferungen.

Nach Ansicht der Offiziere wird der Flughafen nach seiner Wiederinstandsetzung eine bessere Einsatzbasis bieten als die abgelegene behelfsmäßige Start- und Landebahn, die bis dahin benutzt wurde.

Offiziere des Marine Corps erklärten zudem, ihr oberstes Ziel sei die Vernichtung von vereinzelten Widerstandsnestern aus Taliban- und Al-Qaida-Kämpfern. Einige setzten sich noch immer zur Wehr, obwohl Kandahar durch die Paschtunen-Verbände unter der Führung Hamid Karsais, des designierten neuen Regierungschefs von Afghanistan, eingenommen worden sei.

Steven Lee Myers
14. Dezember 2001

POOL PHOTO: EARNIE GRAFTON

Amerikanische Marines auf dem Flughafen von Kandahar. 26. Dezember 2001.

Sensoren und Zielobjekte

Für ihre Suche nach Osama bin Ladens Verstecken wurden die amerikanischen Streitkräfte mit neuester, ausgeklügelter Technologie ausgerüstet, einer ganzen Reihe von Sensoren, die auch bei Dunkelheit und schlechtem Wetter und sogar durch fast 30 Meter dicken Fels hindurch automatisch Hitze, Magnetfelder, Schwingungen und andere verborgene Hinweise aufspüren können.

Die an Bord von Flugzeugen, im Schlepp von Fahrzeugen oder von Soldaten transportierten Geräte können schwache Anzeichen von Hitze an einer kalten Felswand ebenso ausmachen wie das Summen eines unterirdischen Generators oder die magnetischen Signale elektrischer Leitungen.

Die raffinierten Überwachungsmechanismen könnten nach Angaben der Regierung jetzt besonders hilfreich sein, da der rasch voranschreitende Militäreinsatz in Afghanistan die Anführer der al-Qaida und der Taliban dazu gezwungen hat, auf Funkgeräte und Mobiltelefone zu verzichten, die mit Hilfe elektronischer Sensoren von amerikanischen Aufklärungsflugzeugen aus routinemäßig abgehört wurden.

Die temperaturempfindlichen Geräte werden umso zuverlässiger arbeiten, je kälter es in der Region wird. Nach Aussagen der Wissenschaftler, die an der Entwicklung beteiligt waren, würde bereits der leiseste, aus einem Tunnel oder einer Höhle dringende Hauch von Warmluft auch noch in einer Entfernung von mehreren Kilometern auf den Anzeigeinstrumenten wie ein Leuchtfeuer aufscheinen.

»Allgemein scheint man sich das so vorzustellen, dass sich bin Laden und seine 40 Räuber ganz hinten in einer tiefen Höhle verkrochen haben, und wir müssten jetzt bloß noch diese geheime Höhle finden, und dann wäre der Krieg zu Ende«, meinte John E. Pike, Leiter von GlobalSecurity.org, einer privaten Sicherheitsgruppe, auf deren Webseite über Fortschritte in der Militärtechnologie berichtet wird. »Aber diese Typen sind sicher überall verteilt, einige in der Stadt, einige in den Bergen, einige in Häusern, andere in Tunneln.«

Andrew C. Revkin
22. November 2001

Verbesserung der Luftangriffe

Technologische Fortschritte seit dem Einsatz im Kosovo 1999 ermöglichen bei Luftangriffen, mehr Ziele mit größerer Genauigkeit zu treffen und zugleich das Risiko für die Piloten zu verringern.

Bombe

Sie fliegen in Höhen von bis z 10000 Metern und damit auße halb der Reichweite von Luftab wehrgeschützen. Verschieden Bomber und Jagdflugzeuge sin mittlerweile mit Satelliten und lase gelenkten Bomben ausgerüste die auf die von den Dronen un Bodenaufklärern übermittelte Zieldaten zurückgreifer Abb.: B-52 Stratofortress

Unbemannte Aufklärungsdronen

Sie übertragen hoch auflösende Videoaufnahmen, Standbilder und Radaraufnahmen via Satellit an die Bodenstationen außer-halb der Kriegsregion. Abb.: RQ-1 Predator.

Lasergesteuerte Zielbestimmung

Ausmachen des Ziels: Mit Hilfe des Fernglases wird die Zeit gemessen, die ein Lichtimpuls bis zum Ziel und wieder zurück benötigt, so dass die Zielentfernung genau ermittelt werden kann.

Lenkung der Bomben: Die Frequenz des Laserlichtstrahls, mit dem das Ziel erfasst wurde, wird mit dem Detektor des lasergelenkten Geschosses synchronisiert, so dass die Bombe dem Laserstrahl ins Ziel folgt.

Aufklärer am Boden

Spezialeinheiten verwenden Ferngläser mit eingebauten Laserentfernungsmessern, um Ziele zu erfassen und anschließend die Koordinaten per Telefon oder mit Hilfe des Computers an die Bomber und Jagdflugzeuge weiterzuleiten.

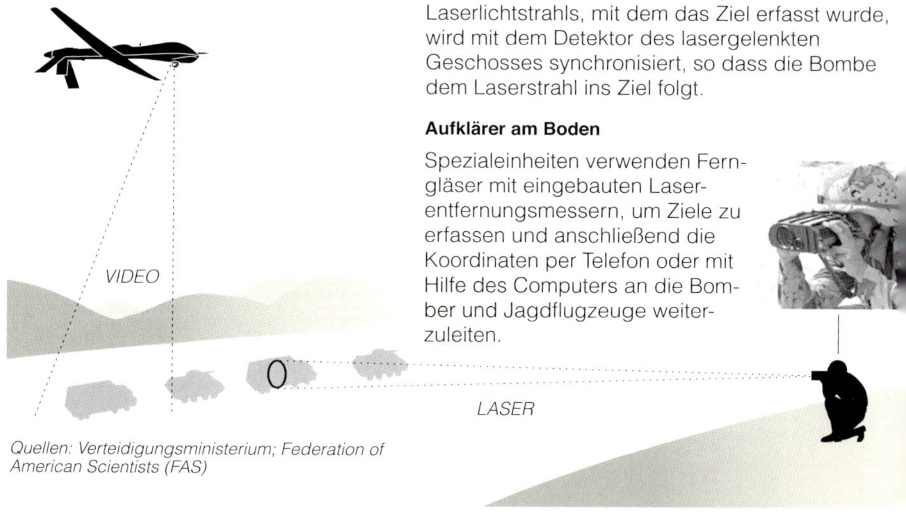

Quellen: Verteidigungsministerium; Federation of American Scientists (FAS)

Unter der Oberfläche

Es gibt unzählige Höhlen und Tunnel in Afghanistan, doch Osama bin Laden zieht angeblich von Höhle zu Höhle entlang der pakistanischen Grenze.

Tora Bora

Nachdem bin Laden gezwungen wurde, den Sudan zu verlassen, zog er sich auf diesen Stützpunkt der afghanischen Rebellen zurück.

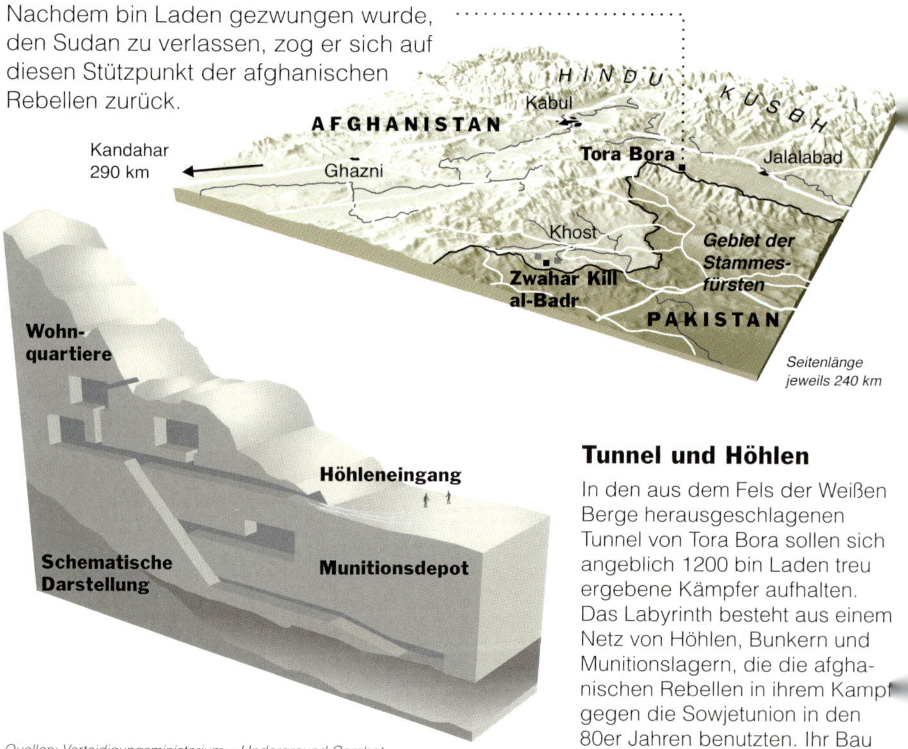

Tunnel und Höhlen

In den aus dem Fels der Weißen Berge herausgeschlagenen Tunnel von Tora Bora sollen sich angeblich 1200 bin Laden treu ergebene Kämpfer aufhalten. Das Labyrinth besteht aus einem Netz von Höhlen, Bunkern und Munitionslagern, die die afghanischen Rebellen in ihrem Kampf gegen die Sowjetunion in den 80er Jahren benutzten. Ihr Bau war zum Teil aus Mitteln der USA finanziert worden.

Quellen: Verteidigungsministerium; »Underground Combat: Steriophonic Blasting, Tunnel Rats, and the Soviet-Afghan War« von Lt. Col. i. R. Lester W. Grau und Ali Ahmad.

Anlage einer Bergfestung

Einige der unterirdischen Schlupfwinkel, die von Menschenhand tief in die Felswände der Berge Afghanistans getrieben wurden, hat die al-Qaida in den letzten Jahren ausgebaut. In Bergfestungen wie dieser, die geräumiger und besser ausgestattet sind als natürliche Höhlen, könnte sich Osama bin Laden mit seinen Soldaten aufhalten.

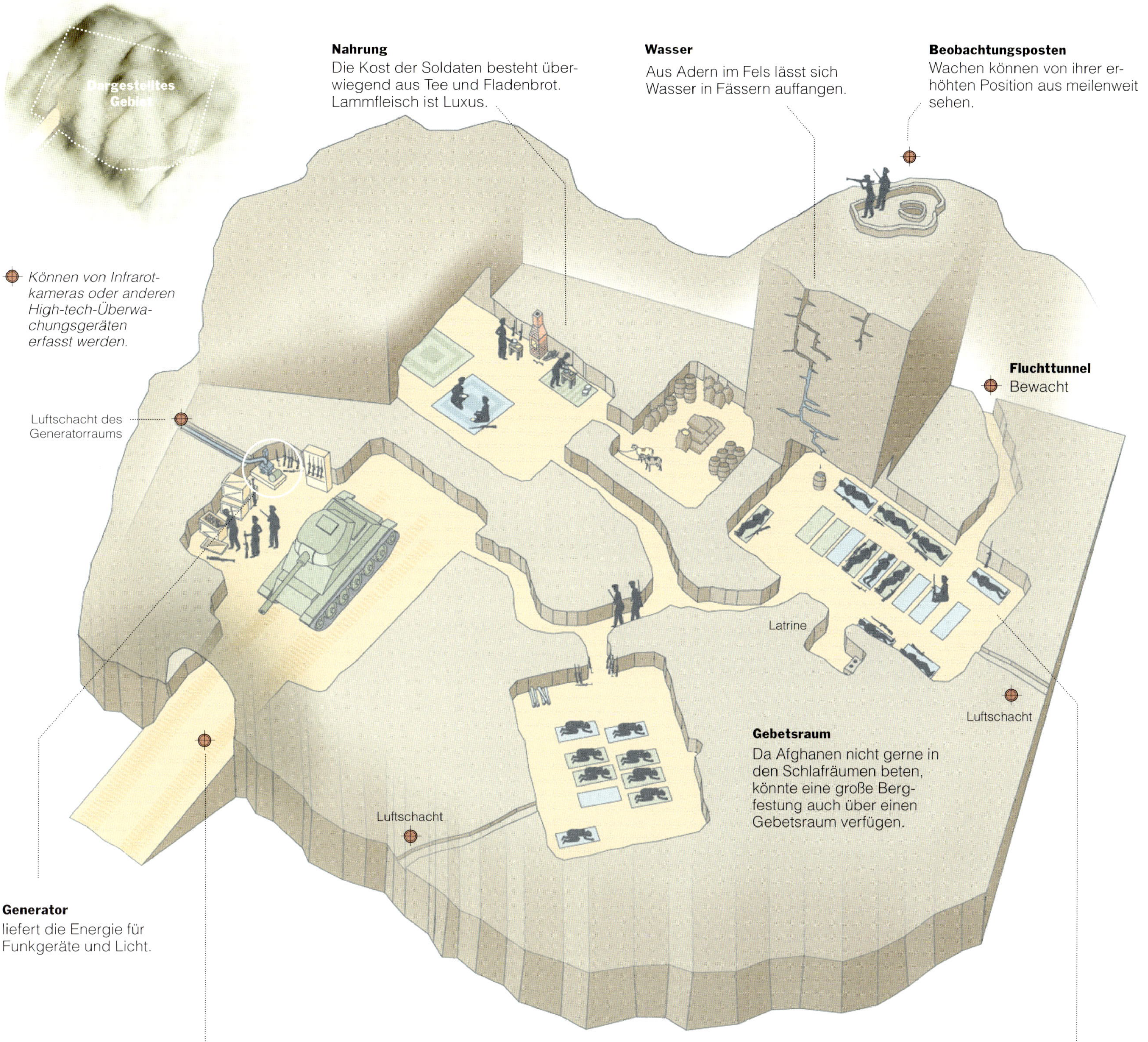

Eingang
Die Eingänge zu den Bergfestungen werden häufig unter einem Felsüberhang angelegt, damit sie auf Satellitenaufnahmen nicht erkennbar sind. Alle Ein- und Ausgänge sind bewacht.

Waffenlager
Zu den Waffen zählen u. a. Panzer, Panzerabwehrraketen, Mehrfachraketenwerfer, Luftabwehrgeschütze, Gewehre und Handfeuerwaffen.

Temperaturen
Geschützt im Inneren des Berges, herrscht in den Festungen in tieferen Lagen selbst im strengen Winter eine Temperatur zwischen 5 und 10°C.

Schlafräume
Die Kämpfer schlafen auf dem felsigen Boden. Ein in den Boden geschlagenes Loch dient als Latrine.

Quellen: Jack Shroder und Thomas E. Gouttierre, University of Nebraska in Omaha; Verteidigungsministerium; US Army Foreign Military Studies Office

Hannah Fairfield; Zeichnungen von John Papasian/NYT

Die Festung Qala Jangi bei Mazar-i-Sharif ist mit den Leichen gefangener Taliban-Kämpfer übersät. 28. November 2001.

JAMES HILL FÜR NYT

Das Schicksal der Taliban

Und so ging die fundamentalistische islamische Bewegung der Taliban hier in den Vororten von Kandahar zugrunde, sieben Jahre nachdem sie fast an eben dieser Stelle ins Leben gerufen worden war. Geboren in der Wüste, nutzte sie die Gunst der Stunde in dem nach dem Zusammenbruch der Sowjetunion entstandenen Vakuum genauso wie den Opportunismus der afghanischen Nachbarländer und profitierte davon, dass der radikale Islam einer Welt, die ihrer Überzeugungen aus der Zeit des Kalten Krieges beraubt war, zunehmend reizvoll erschien.

Die Taliban blühten im toten Winkel der einzig verbliebenen Supermacht USA auf und boten schließlich Terroristen Zuflucht, die deren Schicksal besiegeln sollten. Als Revolutionsbewegung brannten die Taliban hell und verglühten schnell.

Dexter Filkins
31. Dezember 2001

Truppen der Nordallianz beobachten bei Amirabad, wie ein Zug von Taliban-Kämpfern aus Kunduz, die sich ergeben haben, die Frontlinien passiert. 24. November 2001.

JAMES HILL FÜR NYT

FOTOS: ALAN CHIN FÜR NYT

Bis zu 4 000 Taliban-Kämpfer, die sich bei Kunduz ergeben hatten, darunter auch einige Pakistanis und möglicherweise auch andere ausländische Freiwillige, wurden per Lastwagen abtransportiert und in einem Hunderte von Kilometern weiter westlich gelegenen Gefängnis zusammengepfercht. Einer der Gefangenen berichtete, dass beim Transport in den völlig überfüllten geschlossenen Lastwagen mindestens 13 Menschen erstickt seien. Shebarghan, Afghanistan. 1. Dezember 2001.

Taliban-Gefangene, von denen viele aus anderen arabischen Ländern, aus Pakistan und den zentralasiatischen Republiken der früheren Sowjetunion stammen, in einem von der Nordallianz beaufsichtigten Gefängnis. Shebarghan, Afghanistan. 6. Dezember 2001.

Besiegte Kämpfer

In den Monaten nach dem Fall der Taliban-Regierung waren fast 3500 frühere Kämpfer in einem Gefängnis untergebracht, das für 800 Häftlinge gedacht war, und lebten damit unter Bedingungen, die die internationalen Hilfsorganisationen alarmierten.

Das Internationale Komitee vom Roten Kreuz, das die Gefangenen hier in Shebarghan betreute und registrierte, äußerte erstmals letzte Woche Bedenken über die Überbelegung und die unhygienischen Bedingungen, nachdem ein Häftling in einer der Zellen erkrankt und gestorben war. Nach Aussagen der Organisation leiden Dutzende von ihnen an Ruhr.

Die Sorge um die von General Abdul Rashid Dostum, dem für seine Brutalität berüchtigten stellvertretenden Außenminister Afghanistans, festgehaltenen Gefangenen wuchs, nachdem unbestätigten Berichten zufolge Anti-Taliban-Verbände einige der Gefangenen auf ihrem Transport von der Stadt Kunduz zum Gefängnis in General Dostums Heimatstadt Shebarghan getötet haben sollen. Die Transportcontainer mit den Gefangenen machten über Nacht in Qala Zeina, dem befestigten Westtor der Stadt Mazar-i-Sharif, Halt, und Überlebende erzählten, dass die Truppen das Feuer eröffnet hätten.

Carlotta Gall und Mark Landler
5. Januar 2002

Durch ein Nachtsichtgerät erkennt man, wie Marines Gefangene am Flughafen von Kandahar eskortieren. 18. Dezember 2001.

POOL PHOTO: SGT. THOMAS MICHAEL CORCORAN

Gefangene zählen

Die tatsächliche Zahl der von den Anti-Taliban-Streitkräften inhaftierten Gefangenen liegt weiterhin im Dunkeln. Nach Angaben des Internationalen Komitees vom Roten Kreuz betreute die Organisation 700 Gefangene an 15 verschiedenen Orten, musste aber einräumen, dass es sich dabei wohl nur um einen Bruchteil handele.

»Es ist unmöglich, die Anzahl der Gefangenen zu schätzen«, sagte Michael Kleiner, Sprecher der Außenstelle des Komitees in Kabul. »Ohne eine amtierende Regierung lässt sich unmöglich sagen, wo die Menschen festgehalten werden.«

Steven Lee Myers und James Dao
15. Dezember 2001

Ein Lager in der Stadt Khawai in der Provinz Nangarhar dient als Gefängnis für 155 Taliban-Kämpfer. Ein Mann (links) liest aus dem Koran. 21. November 2001.

STEPHEN CROWLEY/NYT

JAMES HILL FOR NYT

John Walker Lindh nach seiner Festnahme im Keller der Qala-Jangi-Festung am 1. Dezember 2001.

Johnny Micheal Spann, der bei einem Gefängnisaufstand in Mazar-i-Sharif, Afghanistan, ums Leben kam.

Landsleute – und doch Gegner

Kurz bevor Johnny Micheal Spann nach Afghanistan aufbrach, schickte er eine Nachricht per E-mail an seine Eltern daheim in Winfield, Alabama.

»Alle müssen begreifen, dass diese Typen uns hassen«, schrieb Spann, ein CIA-Offizier. »Sie hassen uns, weil wir Amerikaner sind. Unterstützt unsere Regierung und unser Militär, vor allem wenn die ersten Gefallenen nach Hause kommen.«

Der 32-jährige Spann, der erste vom Feind getötete Amerikaner, wurde heute auf dem National Cemetery von Arlington beigesetzt. Was er kurz vor seinem Tod tat, steht fest, auch wenn es verschiedene Berichte darüber gibt, wie er zu Tode kam. Er war gerade dabei, gefangene Taliban-Kämpfer zu befragen, und einer von ihnen war John Walker Lindh. Nur wenige Minuten nach der Befragungsaktion, die nichts als Schweigen erbrachte, kam Spann bei einem chaotischen Gefängnisaufstand ums Leben. Lindh wurde verwundet, versteckte sich im Keller des Gefängnisses und wurde sieben Tage später festgenommen. Als »Kriegsgefangener im Kampfgebiet« auf einem Wüstenstützpunkt der Marines im südlichen Afghanistan erwies sich Lindh als nützliche Informationsquelle für die amerikanische Seite.

Die Videoaufzeichnung zeigt zwei Landsmänner und Feinde, die sich gegenüberstehen, einen Soldaten des Geheimdienstes aus einer kleinen Stadt in den Südstaaten und einen Mann aus einem wohlhabenden Vorort von San Francisco, der von sich selbst behauptet, auf der Suche nach »dem wahren islamischen Staat« zu sein. Diese Begegnung lässt die Amerikaner in diesem überaus schmerzlichen Augenblick des Krieges innehalten. Es war die unvorstellbare Konfrontation zwischen zwei jungen Amerikanern, dem einem, der für sein Land, und dem anderen, der allem Anschein nach dagegen kämpfte.

Blaine Harden und Kevin Sack
11. Dezember 2001

POOL PHOTO: MIKE THEILER

Ein Munitionswagen mit dem Sarg des CIA-Agenten Johnny Micheal Spann auf dem Weg zu seinem Grab. Spann war der erste Amerikaner, der bei Kampfhandlungen in Afghanistan ums Leben kam. Arlington National Cemetery, Virginia. 10. Dezember 2001.

POOL PHOTO: SHANE T. MCCOY/US NAVY

Taliban-Gefangene und Offiziere der Militärpolizei in einem Auffanglager während der Registrierungsphase. Aufnahmen wie diese lösten scharfe Kritik aus und veranlassten das Internationale Komitee vom Roten Kreuz sowie Amnesty International zu Ermahnungen an die USA, den Inhaftierten den Status von Kriegsgefangenen zu gewähren und sich an die Vorschriften der Genfer Konvention zu halten. Camp X-Ray des Marinestützpunkts Guantánamo Bay, Kuba. 11. Januar 2002.

Guantánamo Bay

Ein C-17-Globemaster-Transportflugzeug mit 20 schwer bewachten Taliban- und Al-Qaida-Kämpfern an Bord startete heute vom Stützpunkt des Marine Corps im Süden Afghanistans zum US-Marinestützpunkt Guantánamo Bay auf Kuba. Es sollten die ersten von Hunderten von Gefangenen sein, die dort untergebracht werden.

Vom Pentagon waren keine Einzelheiten zu diesem Flug zu erfahren. Nach Angaben hochrangiger Militärs jedoch sollten 40 speziell ausgebildete Offiziere der Militärpolizei die Häftlinge während des Fluges bewachen, der Kuba vermutlich bereits am frühen Morgen des 11. Januar erreiche.

Die Gefangenen waren an Händen und Beinen gefesselt. Mit einer Haube über dem Kopf wurden sie nacheinander auf dem Flughafen von Kandahar ins Flugzeug gebracht. Wie vom Pentagon verlautete, ist nicht auszuschließen, dass einigen der Gefangenen während des mehr als 20-stündigen Fluges Beruhigungsmittel verabreicht worden seien.

Ein Pentagonsprecher sagte, die USA betrachteten die Häftlinge zwar nicht als Kriegsgefangene, diese würden aber dennoch Schutz im Sinne der Richtlinien der Genfer Konvention genießen.

In Guantánamo Bay werden die Taliban zu dem provisorischen Gefangenenlager Camp X-Ray gebracht, wo sie in 1,8 mal 2,4 Meter große Käfige aus Beton und Maschendrahtzaun gesperrt werden und wo ihnen eine ausführliche Befragung und möglicherweise ein Verfahren vor einem Militärtribunal bevorstehen.

Amnesty International veröffentlichte heute eine Erklärung, wonach das medikamentöse Ruhigstellen von Gefangenen und die Fesselung mit Hand- und Beinschellen während des gesamten Fluges internationalen Standards widerspräche, die eine »grausame, unmenschliche oder erniedrigende« Behandlung verbieten.

Verteidigungsminister Donald H. Rumsfeld sagte dazu, dass er nicht wisse, mit welchen Mitteln man die Gefangenen während des Fluges unter Kontrolle gehalten habe. Dennoch verteidigte er den Einsatz von harten Maßnahmen als Ergebnis einer genauen Pentagon-Untersuchung zu den gewalttätigen Aufständen durch Taliban- und Al-Qaida-Kämpfer in Gefängnissen in der nordafghanischen Stadt Mazar-i-Sharif und in Pakistan.

James Dao
11. Januar 2002

Operation Anakonda

Offiziellen Berichten zufolge gelang es amerikanischen Spezialeinheiten, obwohl sie unter intensivem feindlichen Beschuss standen und ihre Verletzten zwölf Stunden lang nicht abtransportieren konnten, einen Überfall der al-Qaida aus dem Hinterhalt in einem der grausamsten Gefechte in diesem seit fünf Monaten andauernden Krieg in Afghanistan abzuwehren.

Als am Montag alles vorbei war, wurden die Leichen von sieben amerikanischen Soldaten sowie elf verwundete Kameraden im Schutz amerikanischer Kampfflugzeuge vom Schlachtfeld geborgen. Maschinengewehrfeuer und die Geschütze eines AC-130-Spezialflugzeugs hatten die anrückenden Kämpfer zurückgeschlagen. Zuvor hatte eine aus einem Flugzeug aufgenommene Videoaufzeichnung gezeigt, wie Al-Qaida-Kämpfer einen amerikanischen Soldaten seinem sicheren Tod entgegenschleppten.

Einige der schwersten Kampfhandlungen während des bisherigen Krieges brachten auch die schwersten Verluste auf amerikanischer Seite, wobei Pentagonsprecher und hochrangige Militärberater in ihrer Beschreibung des Kriegsschauplatzes die Topographie des Landes als ebenso feindselig einstuften wie den Gegner selbst: Sie gestatte den gegnerischen Kämpfern, die lieber bis zum Tode kämpften, als sich zu ergeben, anzugreifen und sich anschließend wieder in ihre befestigten Höhlen und Schützengräben zurückzuziehen.

Thom Shanker
6. März 2002

Der größte Bodeneinsatz in diesem seit fünf Monaten andauernden Krieg findet in einem rund 150 Quadratkilometer großen Gebiet, etwa zweimal so groß wie Manhattan, mit Schnee bedeckten Gipfeln und tiefen Schluchten statt.

Anders als in den vorhergehenden Schlachten gibt es hier im Shah-i-Kot-Tal nicht eine Front und eine feindliche Stellung, die belagert werden könnten. Stattdessen bilden die feindlichen Kämpfer kleine Trupps von fünf bis zwölf Mann und operieren aus Höhlen, Schützengräben und mehreren Dorfruinen im ganzen Kampfgebiet.

Die Angriffstaktik der Amerikaner sah vor, das Gebiet einzukesseln und dann alliierte und amerikanische Streitkräfte zu Lande und in der Luft gezielt gegen die feindlichen Widerstandsnester vorrücken zu lassen, um so den Feind nach außen auf die Front des Kessels zuzutreiben.

In Interviews beklagten amerikanische Truppenverbände, die Nachrichtenoffiziere würden sowohl die Zahl der Feinde als auch ihre Schlagkraft unterschätzen. Das Pentagon bestreitet dies und betont zugleich, dass es unmöglich gewesen sei, die genaue Größe der gegnerischen Streitmacht zu bestimmen, die sich in den Höhlen versammelt hatte.

Einige Tage vor dem geplanten großen Angriff schlichen sich Spähtrupps in die Berge, doch die Operation wurde aufgrund des schlechten Wetters verschoben. Am Samstag, dem 2. März, hatte der Himmel aufgeklart, und bei Sonnenaufgang begann die Offensive. »Gleich zu Beginn veränderte sich die Lage ziemlich rasch«, berichtete ein ranghoher Offizier über den Rückzug der Afghanen. »Insgesamt sind die bösen Buben ordentlich verprügelt worden.«

Eric Schmitt und Thom Shanker
10. März 2002

POOL PHOTO: WARREN ZINN

Amerikanische Truppen werden von einem CH-47-Chinook-Hubschrauber auf einem Hügel im Osten Afghanistans abgesetzt. Am 2. März begannen amerikanische Streitkräfte und ihre Verbündeten eine groß angelegte Offensive gegen die Reste der Taliban- und Al-Qaida-Truppen. Bei Sirkankel, Afghanistan. 5. März 2002.

TYLER HICKS/GETTY IMAGES FÜR NYT

Vielleicht wird eines Tages die Stunde der Gerechtigkeit kommen für dieses kleine Dorf mit seinen 15 Häusern, die amerikanische Bomben in Schutt und Asche legten. US-Militärsprecher könnten dann erklären, warum hier 55 Menschen sterben mussten.

Aber wahrscheinlicher ist, dass Madoo nie erfahren wird, ob die Bomben versehentlich oder absichtlich herabfielen, und die Sache wird in Vergessenheit geraten. Es wird ein namenloser Weiler bleiben mit namenlosen Menschen, die in namenlosen Gräbern ruhen.

Am 1. Dezember griffen amerikanische Flugzeuge mehrere Dörfer unweit der Bergfestung Tora Bora im Osten Afghanistans an, wo sich Al-Qaida-Kämpfer, vielleicht sogar Osama bin Laden selbst, versteckt halten sollten. Es war der Unheil verkündende Beginn einer wütenden Luftangriffswelle.

Selbst die amerikanischen Verbündeten im Kampf gegen die Taliban waren entsetzt, sprachen von einem Fehler in der Zielerfassung und von Hunderten von Unschuldigen, die ums Leben gekommen seien. Es war »ein Verbrechen gegen die Menschlichkeit«, stellte Hadschi Mohammed Zahmahn, ein militärischer Befehlshaber aus diesem Gebiet, fest. Das Pentagon erwiderte auf die Vorwürfe lediglich, dass man schon wisse, wem die Jagd gelte.

»Nur Allah weiß, was mit uns geschehen ist, und nur Allah ist es nicht gleichgültig«, sagte Abdul Hassan, ein Bauer, als er über den hoch auf dem Hügel liegenden Friedhof schritt.

»Ich gebe den Arabern die Schuld dafür«, meinte Paira Gul. »Die Araber gehören nicht nach Afghanistan, und ihretwegen haben die Amerikaner die Bomben geworfen.« Dann korrigierte er sich: »Ich gebe beiden die Schuld, den Arabern und den Amerikanern. Es sind beides schreckliche Menschen, die schlimmsten auf der ganzen Welt.«

BARRY BEARAK
16. DEZEMBER 2001

Einwohner von Madoo stehen zwischen den Gräbern von 55 Mitbürgern, die am 1. Dezember ums Leben kamen, als das entlegene Dorf von amerikanischen Bomben getroffen wurde. 15. Dezember 2001.

VINCENT LAFORET/NYT

Ein Afghane bahnt sich den Weg durch ein vom UNHCR eingerichtetes Lager im pakistanischen Chaman, rund 500 m von der Grenze zu Afghanistan entfernt. 24. Oktober 2001.

DER KAMPF UM LEBENSMITTEL

Damals wie heute sind afghanische Flüchtlinge »Menschen, die ihr Land verloren haben, ihre Identität, ihre Kultur. Jahrelang haben die Staaten der Welt, ob muslimisch oder nicht, zugesehen, ohne sich um uns zu kümmern. Jetzt werden sie dafür bezahlen. Die Generation der Afghanen hat ihren Preis schon gezahlt.«

TIM WEINER
der hier Fatana Ishaq Gailani, die Vorsitzende des Afghanischen Frauenrats in Peshawar, zitiert
26. NOVEMBER 2001

JAMES HILL FÜR NYT

Drei Männer bewachen amerikanische Hilfspakete mit Lebensmitteln, die in der Nacht über der afghanischen Provinz Takhar abgeworfen wurden. 13. Oktober 2001.

Holzkisten mit Lebensmitteln, die an einem Fallschirm abgeworfen wurden, krachten in mindestens vier Häuser in diesem Dorf am Rande von Herat und durchschlugen in zwei Fällen sogar das Dach. Niemand wurde verletzt. Allerdings wurde nach Auskunft einiger Fotografen, die die Stelle besichtigten, auch ein Jahrhunderte alter Schrein in Herat, wo der persische Dichter Khajeh Abdullah Ansari begraben liegt, von einer Kiste beschädigt.

Gholam Sedigh ist Ingenieur und seit sieben Jahren arbeitslos. Er weiß nicht, ob er es sich leisten kann, sein Haus wieder aufzubauen, und will, dass die Amerikaner ihm eine Entschädigung zahlen. »Sie sollten kleinere Pakete abwerfen oder gar nichts. Das ist ja schon fast eine richtige Bombe.«

Ein großer Teil der Lebensmittel, darunter Reis, Kartoffeln, Kekse und Erdbeermarmelade, waren beim Aufprall zudem aufgeplatzt und ausgelaufen. Einige Dorfbewohner rümpften die Nase und behaupteten, es rieche nicht gut. »Wir werden es testen und erst einmal an die Hühner verfüttern«, scherzte Soltan Sabzehvari, 42, dessen Haus ebenfalls Schaden nahm.

Aber dort, wo immer Hunger herrscht, gibt es auch einen Markt für die Rationen, zumindest für jene Pakete, die die Landung heil überstanden haben. Bereits am Nachmittag verkauften sich die Päckchen gut; etwa 50 Cents kostete das Stück auf den Straßen von Herat.

AMY WALDMAN
21. NOVEMBER 2001

VINCENT LAFORET/NYT

Afghanische Flüchtlinge richten sich in einem Übergangslager des UNHCR ein. Chaman, Pakistan. 24. Oktober 2001.

VINCENT LAFORET/NYT

Fazal Mohammed, 42, büßte vor zwei Jahren seinen rechten Mittelfinger durch eine Mine ein. Im Oktober 2001 verlor er seinen 5-jährigen Sohn Taj und sein linkes Auge, als zwei US-Bomben eine Munitionsfabrik trafen, die einen Kilometer von seinem Haus in Lowall, einem Dorf bei Kandahar, entfernt liegt. Quetta, Pakistan. 14. Oktober 2001.

Zibida, 10, steht zwischen den auf ihre Essenszuteilung wartenden Frauen. Es ist das erste Mal seit Beginn der Bombenangriffe in der Provinz Kunduz, dass Essen an die Flüchtlinge verteilt wird. Flüchtlingslager Bagh-i-Sherkat, Afghanistan. 10. Dezember 2001.

CHANG W. LEE/NYT

In den Flüchtlingslagern

Nach dem Rückzug der Taliban beginnt die nächste kritische Phase des amerikanischen Einsatzes in Afghanistan. Millionen von hungernden, frierenden, kranken und kriegsmüden Afghanen, von denen Tausende bereits dem Tode nahe sind, muss geholfen werden. Zu guter Letzt könnte sich der Krieg gegen Hungersnot, Krankheiten und Elend als ebenso wichtig herausstellen wie der Militäreinsatz, indem er gut fünfzig Jahren der Misswirtschaft und des Chaos ein Ende bereitet.

Das Militär wird in der nun einsetzenden Hilfsaktion ein wichtiger Partner sein. NATO-Bündnisstaaten sollen Lebensmittel, Kleider, Zelte und Medikamente in die Nachbarstaaten Afghanistans liefern und an die dortigen UN-Hilfsorganisationen, an private Hilfsgruppen und an unerschrockene afghanische Lastwagenfahrer weiterleiten, so dass die Hilfsgüter an die Menschen in den verwüsteten Städten und zerstörten Dörfern verteilt werden können. Die USA kaufen Millionen Tonnen Weizen, um die Afghanen in diesem Winter vor dem Hungertod zu bewahren.

Es handelt sich dabei nicht nur um einen Akt der Wohltätigkeit. Vielmehr gehört es zur Strategie des Westens, den Afghanen zu zeigen, dass die Koalition unter Führung der Amerikaner ihnen helfen kann, wieder ihr eigenes Leben zu führen.

»Unterwegs sah ich eine Familie, einen Mann und seine schwangere Frau, die zwei Kleinkinder und ihre Habseligkeiten dabei hatten«, erzählte Tilawat Shah, 32, der allein aus Jalalabad kam. »Sie konnten sie nicht mehr tragen. So küssten sie ihre Kinder und ließen sie in den Bergen zurück.«

Tim Weiner
16. November 2001

CHANG W. LEE/NYT

Flüchtlinge aus der Shamali-Ebene leben schon seit Jahren in den Ruinen der Sowjetischen Botschaft in Kabul. 2. Januar 2002.

Ein pakistanisches Mädchen im Flüchtlingslager Punj Puti. Quetta, Pakistan. 11. November 2001.

VINCENT LAFORET/NYT

Flüchtlinge

Jene, die vor dem Krieg flohen, schlossen sich denen an, die vor dem Hunger flohen, und dann gab es noch die zweifach Verdammten, die vor beidem auf der Flucht waren. Ende 2001 nahm die Zahl der Heimatlosen kritische Ausmaße an, einige von ihnen verließen das Land, andere nur ihre Dörfer.

Tim Weiner
16. November 2001

Zurückgelassen

Das Afghanistan, das die Taliban hinterlassen haben, ist ein trauriges und gebrochenes Land. Es gleicht einem apokalyptischen Ort, an dem der Besucher überall auf Ruinen und Waisen und Überreste des Kriegs stößt.

Fünf Jahre waren die Taliban in der Hauptstadt an der Macht, und die traurigen Rekorde dieser Regierung lassen sich in Zahlen messen: Fast eine Million Flüchtlinge schloss sich jenen Millionen an, die das Land bereits verlassen hatten und sich weigerten zurückzukehren. Sechs Millionen Afghanen, ein Viertel der Bevölkerung, hatte nicht genug zu essen.

Aber das wahre Erbe der Taliban-Herrschaft wiegt schwerer. Eine Reise durch das Land, die an der Grenze zu Tadschikistan begann und im 650 Kilometer entfernten Kandahar endete, enthüllte tiefe seelische Wunden bei einem Volk, das noch immer unter den Qualen einer Regierung leidet, die von vielen als eine Form der Unterdrückung von außen empfunden wurde.

Dexter Filkins
31. Dezember 2001

Malika, deren neugeborene Tochter (links) schläft, schaut aus einem Zelt im Flüchtlingslager New Shamshatoo in Pakistan. Sie floh aus einem Dorf unweit von Jalalabad in Afghanistan. 16. Oktober 2001.

RUTH FREMSON/NYT

Nach den ersten rauen Winterstürmen sind eine halbe Million Menschen, vielleicht auch mehr, in Afghanistan heimatlos und halb verhungert. Nach Angaben der Vereinten Nationen kamen seit dem Beginn der amerikanischen Bombenangriffe Anfang Oktober 130 000 Flüchtlinge nach Pakistan. Zehntausende verbringen die Nächte zitternd in den Lagern. Sollte die Macht der Taliban im Süden weiter schwinden, so befürchtet das UN-Flüchtlingshilfswerk nach eigenen Angaben einen neuen Flüchtlingsstrom nach Pakistan, und man beeilte sich, mehr Zelte und Decken ins Grenzgebiet zu schaffen.

Tim Weiner
16. November 2001

Ein Flüchtling steht vor seinem Zelt in einem Lager am Stadtrand von Mazar-i-Sharif, als der erste Schnee dieses Winters fällt. Die Menschen hier flohen vor den Kämpfen zwischen der Nordallianz und den Taliban-Truppen. 3. Dezember 2001.

JAMES HILL FÜR NYT

Die Befreiung Kabuls

Drei Wochen nach dem Abzug der Taliban aus Kabul schließen sich bei den Menschen allmählich die seelischen Wunden, die die muslimischen Sittenwächter hinterlassen haben, und die Bevölkerung beginnt in den Bereichen, die durch die unerbittliche Vision eines orthodoxen Islam geächtet waren, wieder aufzuleben.

Freude ist vielleicht ein zu starkes Wort, um die allgemeine Stimmung in der Hauptstadt Afghanistans zu beschreiben, denn was die Zukunft anbelangt, ist man durchaus argwöhnisch. Erneut ist das Land in Lehen zerrissen, die von Stammesführern und brutalen Warlords beherrscht werden. Das bisschen Frieden scheint am seidenen Faden zu hängen. Aber zweifellos hat sich zumindest für den Augenblick ein ungeteiltes Gefühl der Erleichterung der Stadt bemächtigt.

Nicht nur die Taliban sind verschwunden, sondern auch die fürchterlichen amerikanischen Bombenangriffe, die dazu dienten, die Taliban zu bezwingen. Neue Zerstörungen wurden angerichtet, allerdings braucht man einen Führer, um sie zu entdecken. Kabul war bereits zuvor eine geschundene Stadt.

Tatsächlich hat sich in der von einem Berggürtel umgebenen Stadt im Grunde nicht viel verändert. Autos schlängeln sich zwischen Karren und Eselswagen hindurch. Verhutzelte alte Männer tragen Bündel mit Feuerholz auf den Schultern. Verhüllte Frauen ziehen durch die Basare wie unterdrückte Geister. Den Kindern dienen die Reste eingestürzter Gebäude als Spielplatz.

Nur auf den zweiten Blick erkennt man Dinge, die noch vor einem Monat unvorstellbar gewesen wären. Dort drüben sind einige Männer mit glatt rasiertem Gesicht, und die typische Kopfbedeckung der Nordallianz ersetzt den von den Taliban bevorzugten Turban. Und hier und dort wagen sich einige mutige Frauen außer Haus ohne die sie von Kopf bis Fuß einhüllende Burka.

Barry Bearak
2. Dezember 2001

Ein Panzer mit Kämpfern der Nordallianz fährt in Kabul ein, nachdem die Taliban aus der Stadt geflohen sind. 13. November 2001.

KOJI HARADA/KYODO ÜBER REUTERS

JAMES HILL FÜR NYT

Mohammed Hassan, 22, lässt sich am Tag nach der Befreiung der Stadt durch die Streitkräfte der Nordallianz den Bart scheren. Taloqan, Afghanistan. 12. November 2001.

Ein neues Lebensgefühl

ANDREW TESTA

Männer versammeln sich auf einem Markt in Kabul, um einem Kampf zwischen Wachteln zuzusehen, der neben anderen blutrünstigeren Sportarten lange von den Taliban verboten war. Er ist in der Hauptstadt wieder groß in Mode, und im Frühling ist die Ausrichtung von Hundekämpfen geplant. 1. Dezember 2001.

Die Einwohner mehrerer afghanischer Städte begrüßten letzte Woche die Kämpfer der oppositionellen Nordallianz und überschütteten sie an manchen Orten mit Blumen und Geld. Die Taliban hatten eine besonders strenge Auslegung des Islam durchgesetzt, womit sie weltweit auf Ablehnung stießen. Alle Männer mussten einen mindestens zehn Zentimeter langen Bart tragen. Frauen durften nicht arbeiten, zur Schule gehen oder allein das Haus verlassen. Wenn sie sich überhaupt aus dem Haus wagten, mussten sie sich gänzlich verhüllen. Fernsehen und Musik waren ebenso verboten wie viele andere Formen der Freizeitbeschäftigung. Letzte Woche ließen sich Männer in den befreiten Städten die Bärte stutzen. Frauen zeigten ihr Gesicht und konnten sich auch außer Haus frei bewegen. Die Menschen hörten Musik und holten ihre Fernseher aus den Verstecken hervor.

18. NOVEMBER 2001

CHANG W. LEE/NYT

Afghanische Männer zu Pferde beim »Buzkashi«, einem Wettkampf, bei dem derjenige gewinnt, dem es gelingt, eine tote Ziege oder ein totes Kalb in einem Kreis zu platzieren. Kabul, Afghanistan. 28. Dezember 2001.

Oben: Ambrook mit dem weißen Hut, 6, und sein Bruder Baryallai schleppen einen Bottich mit Wasser zu einem Eselskorb. Alchin, Afghanistan. Mitte: Die Geschwister Mill Agha, 10 (links), Habibulah, 7, und Jamila, 5 (rechts), verdienen bis zu 2 Dollar am Tag mit ihrer Arbeit als Träger. Kabul, Afghanistan. Unten: Spielende Kinder in Kunduz, Afghanistan. 23. Dezember 2001.

Kinder in einem rauen Land

Sein Gesicht war schmutzig, und seine Hose, die er mit einem Strick festgezurrt hatte, war ihm um die Hüfte mehrere Zentimeter zu weit. Seine Gummistiefel sahen aus, als seien sie zweimal so groß wie seine Füße. Er ist 8 Jahre alt und ist noch nie zur Schule gegangen. Er holte ein paar mit arabischer Schrift beschriebene Seiten hervor und begann zu lesen. Es war nicht viel, nur das Alphabet in Dari, doch damit ist er seinen afghanischen Altersgenossen weit voraus. Er senkte das schmuddelige Heft und lächelte.

Die Kinder machen einen großen Teil der Bevölkerung aus, sind weitgehend Analphabeten und nicht geimpft. Auf der Straße und in der Steppe kennen sie sich aus, aber sie wissen nichts von der Welt: Hier begegnet man Zehnjährigen die einen Vergaser reinigen, ein Schaf schlachten, auf eine Landmiene hinweisen, ein russisches Gewehr auseinandernehmen oder den Stand eines Verkäufers beaufsichtigen können.

Bei einigen Kindern, die so viel Gewalt und Härte ausgesetzt waren, lassen sich Anzeichen dafür erkennen, dass sie deren Ausmaß gar nicht mehr einschätzen können. Mirwais, ein zwölfjähriger Junge aus Kunduz, erzählt, dass er dieses Jahr mit einer Menschenmenge im größten Fußballstadion der Stadt stand und zusah, wie die Taliban zwei des Diebstahls angeklagten Männern jeweils eine Hand und einen Fuß abschlugen.

Er sah darin nichts Ungewöhnliches und wunderte sich, wieso jemand danach fragte. »Es waren Verbrecher«, sagte er. »Das ist die Strafe für Verbrecher.«

Im Augenblick sind die Bemühungen, den Kindern zu helfen, eher Flickwerk und unorganisiert.

C. J. Chivers
4. Dezember 2001

FOTOS: CHANG W. LEE/NYT

Unter Aufsicht ihrer Verwandten fahren Kinder auf einem provisorisch aus Granathülsen zusammengebauten Karussell. Eine Fahrt kostet 5 000 Afghani, etwa 10 Cents. Mazar-i-Sharif. 15. Dezember 2001.

Kinder als Tauschobjekte

Von der Not verfolgt und vom Hunger erschöpft, verkaufte Akhtar Mohammed erst seine wenigen Nutztiere. Dann, als die Monate vergingen, tauschte er die abgenutzten Teppiche ein und die metallenen Kochutensilien und sogar einige der Holzbalken, die das marode Dach über seiner Bruchbude trugen.

Aber immer war der Hunger größer als die Geldmittel. Vor sechs Wochen hat Mohammed schließlich etwas getan, was in diesem Land der Verzweifelten leider immer häufiger geschieht. Er nahm zwei seiner zehn Kinder mit zum Basar in die nächste Stadt und tauschte sie gegen Weizensäcke ein.

Aus seinem Haus sind nun der zehnjährige Sher und der fünfjährige Baz verschwunden. »Was hätte ich denn tun sollen?« fragte der seiner Kinder beraubte Vater heute in Kangori, einem entlegenen Weiler in den Bergen des nördlichen Afghanistans. Er wollte nicht gefühllos erscheinen. »Ich vermisse meine Söhne, aber es war einfach nichts zu essen da«, erklärte er und ließ seinen Blick umherschweifen, um zu beweisen, dass sein Elend nichts Außergewöhnliches sei.

Die zwei Jahrzehnte der kriegerischen Auseinandersetzungen haben es den Afghanen schwer gemacht, zwischen den schlechten und den noch schlimmeren Zeiten zu unterscheiden. Auch ohne Hungersnot stirbt hier eines von fünf Kindern vor dem fünften Lebensjahr, und die durchschnittliche Lebenserwartung liegt gerade einmal bei 44 Jahren.

In diesen Tagen wirken Lebensmittel wie ein Magnet und locken die Hungrigen aus ihrer Heimat in riesige Lager fort, wo monatlich armselige Rationen verteilt werden. In der Regel gibt es nur einen schweren Sack mit Weizen pro Familie, aber das immerhin zuverlässig.

»Das Schlüsselwort lautet Rückkehr«, sagt Mireille Borne von der Hilfsorganisation Acted. »Wenn man nur Lebensmittel verteilt, unterminiert man die Wirtschaft. Man muss langfristig denken.« Langfristig denken auch die untröstlichen Eltern beim Verkauf ihrer Kinder. In der Geschichte gibt es kaum Beispiele für dieses herzzerreißende Opfer in Afghanistan. Die Mädchen wurden gemäß der Tradition bei der Heirat »verkauft«, wobei die Familie der Braut einen Brautpreis erhielt.

Doch was jetzt geschieht, fällt eher in die Kategorie der Leibeigenschaft. Die Abmachungen sind verschieden, doch meist wird das Kind gegen eine länger dauernde Versorgung mit Geld oder Weizen eingetauscht.

»Die Familie war sehr hungrig, und ich brauchte Arbeitskräfte für mein Restaurant«, lautet Mohammed Aslams Erklärung, warum er vor knapp zwei Jahren zwei junge Brüder kaufte. Während er an seinem Tee nippte, putzten der 13-jährige Bashir und der 11-jährige Qadir die Küche des kleinen Lokals in Sholgarah. »Es ist billiger, die Jungen zu kaufen als sie zu mieten. Tatsächlich hätte ich sie auch umsonst haben können.« Aslam berichtete von dem Tauschhandel. Der Vater habe ihm angeboten, ihm seine Söhne zu überlassen, wenn er sie nur gut ernähre. »Aber ich kenne die Menschenrechte«, sagte der Restaurantbesitzer. »Ich wusste, dass ich verpflichtet war, ihm etwas zu bezahlen.«

Die Vereinbarung lautete über monatlich 400 000 Afghani, zur Zeit des Vertragsabschlusses etwa fünf Dollar. »Die Zahlung läuft für zwei Jahre, und danach gehören mir die Jungs für immer«, fuhr Aslam fröhlich fort und ließ die Situation in einem so wohltätigen Licht erscheinen, als handele es sich dabei um eine Adoption.

Er bat die Jungen, sich neben ihn zu setzen. Er sagte, sie sollten lächeln. Sie taten, wie ihnen geheißen.

Abdul Hamid, ein Träger, saß ebenfalls in diesem Restaurant. »Ich habe drei Kinder gekauft, alle von verschiedenen Familien«, gab er offen zu. Noor Agha ist acht, Amruddin neun, Malik elf. Er sagte, er halte sich selbst für einen Wohltäter.

»Diese Familien litten alle Hunger«, erklärte er. »Sie können ihren Kindern nicht geben, was ich ihnen geben kann. Die Jungen arbeiten für mich, aber ich schicke sie auch zur Schule. Sie werden meine Söhne sein. Ich habe zugestimmt, dass sie alle sechs Monate ihre Eltern besuchen dürfen, wenn sie sich einsam fühlen.«

Akhtar Muhammad mit seiner hungernden Familie in Kangori hat härter verhandelt als die meisten. Für seinen zehnjährigen Sohn Sher erhält er monatlich rund 46 Pfund Weizen, für den fünfjährigen Baz die Hälfte. Der Vertrag läuft über sechs Jahre.

»Ich habe meine beiden intelligentesten Kinder verkauft«, beharrte der Vater.

Sechs Wochen sind vergangen, seit seine Söhne nach Sholgarah geschickt wurden. Er willigte ein, mit in die Stadt zu reiten, um seinen älteren Sohn zu suchen und sich nach dem Leben des entwurzelten Jungen zu erkundigen.

PIERS BENATAR/PANOS FÜR NYT

Akhtar Muhammad mit seinem Sohn Sher, 10, den er für rund 46 Pfund Weizen im Monat verkauft hat. Kangori, Afghanistan. 2. März 2002.

Zufällig trafen sich Vater und Sohn auf der Straße. Sie umarmten sich sogleich. Sher ritt auf einem Esel, der mehrere Metallkannen schleppte. Er war zum Wasserholen geschickt worden.

»Sie behandeln mich nicht gut«, sagte der Junge traurig, als er danach gefragt wurde. Als er den Blick von seinem Vater abwandte, wurden seine Augen feucht. Er war den Tränen nahe.

»Ich arbeite sehr hart, und nachts schicken sie mich in die Berge, um bei den Schafen zu schlafen.«

Sein Vater hörte stumm zu, ohne eine Miene zu verziehen. »Ich habe mich schlecht gefühlt, als ich verkauft wurde«, fuhr der Junge mit gesenktem Blick fort. »Ich habe geweint. Manchmal weine ich immer noch. Ich weine nachts. Aber ich verstehe, warum es notwendig war, mich zu verkaufen.«

Er ist das einzige Mittel seiner Familie gegen den Hunger.

»Ich muss jetzt gehen«, sagte der Zehnjährige und ritt weiter. »Ich muss mich beeilen, sonst schlagen sie mich.«

Barry Bearak
8. März 2002

RUTH FREMSON/NYT

Haziza, ein zwölfjähriges Flüchtlingsmädchen aus Afghanistan, sitzt zusammen mit anderen Kindern, die viel jünger sind als sie, in einem Zimmer für Erstklässler. Sie heben den Finger, weil sie im Gegensatz zu ihr die gestellte Frage beantworten können. Unter der Taliban-Herrschaft in Afghanistan durfte Haziza nicht zur Schule gehen, und jetzt in Pakistan muss sie sich anstrengen, um die versäumten Schuljahre nachzuholen. Peshawar, Pakistan. 26. Oktober 2001.

In der Schule

In der Ariana-Schule hier in Peshawar sind die erst vor kurzem eingetroffenen Schülerinnen und Schüler aus Afghanistan, die vor den amerikanischen Bomben flohen, leicht zu erkennen. Sie sind ängstlich. Sie sind traurig. Sie sind in sich gekehrt. Und sie sind auch einen Kopf größer als die anderen in ihrer Klasse.

Wenn die neuen Kinder ihre Geschichten erzählen, wiederholen sich die traurigen Fakten: die wütend trommelnden Luftangriffe, der Verlust von allem Vertrauten, die erschöpfende Reise über die Berge, die unbarmherzige Not des Flüchtlingslebens.

In den Jahren der Taliban-Herrschaft wurde nicht nur den Mädchen die Ausbildung verweigert, sondern auch den Jungen. Ihre Schulen blieben zwar geöffnet, doch Unterricht fand dort kaum statt. Und wenn, ersetzte oft Islam-Unterricht das Rechnen, Lesen und Schreiben auf dem Lehrplan.

Barry Bearak
30. Oktober 2001

VINCENT LAFORET/NYT

Kleine Mädchen lernen in einer Koranschule im Flüchtlingslager Khursan bei Peshawar, Pakistan (rechts). 28. September 2001. Kleine Jungs tun desgleichen in einer Koranschule in Akora Khattak, Pakistan (gegenüber, unten). 17. September 2001. Der Unterricht an den Koranschulen ist kostenlos und manchmal die einzige Ausbildung der Jugendlichen. Zuweilen wirft man den Koranschulen vor, Brutstätten für islamische Extremisten zu sein.

RUTH FREMSON/NYT

Hinter der Burka

AMY WALDMAN/NYT

Sima Rezahi, 22, hofft, Arbeit zu finden, um ihre betagten Eltern zu unterstützen. Ihre Schwester Zahra, 17, verließ gestern zum ersten Mal seit zwei Jahren das Haus, hatte aber Angst, sich ohne Burka fotografieren zu lassen. Herat, Afghanistan. 18. November 2001.

Im Garten ihres Hauses hinter hohen Mauern rebellierte Soheila Helal auf stille Art gegen die Taliban. In einem mit Teppichen gepolsterten Hof mit einer Tafel an jedem Ende leitete sie eine Schule für 120 Kinder, die meisten von ihnen Mädchen. Damit beging sie ein doppeltes Vergehen: Als Frau durfte Soheila Helal nicht arbeiten, und Mädchen durften nichts lernen.

Zum Unterricht gehörte daher, was die Kinder sagen sollten, wenn sie von Taliban-Truppen angehalten wurden: Sie seien nur zu Besuch gewesen. Nach dem Unterricht gingen sie unauffällig in kleinen Gruppen weg, um keine Aufmerksamkeit zu erregen.

»Ich habe oft daran gedacht, mich umzubringen«, beschreibt Soheila ihr Leben unter den Taliban.

Die Freiheit ist noch zu neu, um darauf vertrauen zu können, und die Wunden noch zu frisch. Aber zum ersten Mal seit Jahren, sagen die Frauen hier, hätten sie wieder Hoffnung. Die Hoffnung, wie menschliche Wesen behandelt zu werden, nicht wie widerspenstiges Vieh, dass sie ungehindert das Haus verlassen und arbeiten gehen können und ihre Töchter etwas lernen dürfen.

Heute zeigen Frauen ihre Blutergüsse und Narben, die sie sich einhandelten, weil sie allein das Haus verließen oder es wagten, bei einer staatlichen Stelle vorzusprechen. Sie berichten von der grausamen Unlogik der Taliban: Männliche Ärzte durften Frauen nicht behandeln, und Frauen durften nicht zu Ärztinnen ausgebildet werden. Vielen Witwen, die die einzige Stütze ihrer Familie waren, verbot man zu arbeiten. Einige gingen dazu über, zu Hause Nüsse zu schälen oder Wäsche zu waschen, was kaum reichte, um die Mägen ihrer Kinder zu füllen.

Für Wesen, die man weder sehen noch hören sollte, bewiesen die Frauen erstaunliche Flexibilität, ja leisteten sogar auf schlaue Weise Widerstand. Obwohl sie wussten, dass man sie auspeitschen würde, gingen sie dennoch allein auf die Straße. Eingesperrt in ihren Häusern, brachten viele ihren Töchtern das Lesen bei. Sie riefen geheime Schulen ins Leben oder erreichten von der Bürokratie der Taliban kleine Zugeständnisse, etwa die Erlaubnis, eine Schule für Pflegepersonal einzurichten.

Amy Waldman
19. November 2001

Jamillah, die vor der Dürre in Afghanistan floh, mit ihrem Sohn Shabanah auf dem Arm in der Klinik der Organisation »Ärzte ohne Grenzen« im Flüchtlingslager Jalozi. Peshawar, Pakistan. 6. November 2001.

STEPHEN CROWLEY/NYT

Schmuggler

Jeden Morgen bei Sonnenaufgang kommen die Schmuggler von den Bergen herunter, im Schlepptau die mit Reis, Tee und Öl beladenen Esel.

In diesen Tagen bringen sie auch Geschichten mit: von Schlägen und Schießereien der Taliban-Wachposten, von Bestechungen, Festnahmen und Inhaftierungen. Von alten Straßen, die nun versperrt sind, von beschlagnahmten Gütern und Freunden, die verschleppt wurden.

In den fünf Jahren, in denen diese Gebirgsregion im Norden Afghanistans den Taliban die Stirn bot, konnten sie nur dank des Schmuggels überleben. Da die nördliche Landesgrenze zu Tadschikistan weitgehend abgeriegelt war, wurden die afghanischen Rebellen in den von den Taliban beherrschten Regionen über geheime Pfade mit fast allem versorgt, was sie benötigten: mit Nahrungsmitteln, Seife, Kleidung und sogar Waffen. Der Handel wurde selbst in den schlimmsten Zeiten weiter betrieben und flaute nur während heftiger Gefechte ab. Stets aber wurde er über die Bergpässe und Talstraßen, die sich durch das trostlose Land schlängeln, aufrechterhalten.

Nun haben sich die Spielregeln geändert. Von Schmugglern, die sich in Grenzstädten wie dieser hier versammeln, erfährt man, dass die Taliban-Soldaten, die die Handelsrouten bewachen und die noch vor ein paar Wochen die Händler ohne weiteres passieren ließen, gereizt und gewalttätig reagieren und die Schmuggler beschuldigen, ihre Feinde, die Nordallianz und die Vereinigten Staaten, zu unterstützen. Jene Schmuggler, die heil zurückgekehrt sind, berichten, sie müssten nun höhere Bestechungsgelder berappen. Manchmal würden sie auch geschlagen oder müssten sogar mit dem Leben bezahlen.

Dexter Filkins
26. Oktober 2001

Ein Schmuggler mit seinen Eseln. Fakhar, Afghanistan. 25. Oktober 2001.

JAMES HILL FÜR NYT

Ethnische Grenzen

In den für die öde Landschaft so typischen Dörfern leben die unzähligen Volksgruppen überwiegend friedlich miteinander, teilen sich die Macht und springen im Gespräch zwischen den Sprachen hin und her. Die ethnischen Grenzen verwischen sich durch die Wahl der Ehepartner immer mehr.

Doch die Neuankömmlinge in der Region, meist Flüchtlinge und Soldaten aus anderen Landesteilen, sehen das häufig anders. Jene, die die Gefechte der verschiedenen Volksgruppen, wie sie für den afghanischen Bürgerkrieg so charakteristisch sind, selbst erlebt haben, nehmen ihr Land und sich selbst zunehmend aus der Sicht der eigenen Volksgruppe wahr. Viele von ihnen räumen ein, dass es ihnen schwer falle, alte Streitigkeiten beiseite zu schieben und sich über die ethnischen Grenzen hinweg die Hand zu reichen und in einer neuen Regierung zusammenzuarbeiten, sollte der Bürgerkrieg irgendwann einmal zu Ende sein.

»Die Paschtunen haben so viele Verbrechen begangen«, klagt Habibullah, ein usbekischer Flüchtling in der kleinen Stadt Khwaja Bahaouddin. »Wie können wir nach all dem mit ihnen zusammenarbeiten?«

Dexter Filkins
3. November 2001

Volksgruppen in Afghanistan

Die verschiedenen ethnischen Gruppierungen Afghanistans spielen im Bürgerkrieg des Landes eine herausragende Rolle. Die Karten zeigen, in welchem Gebiet die jeweilige Ethnie vorherrschend ist.

Paschtunen

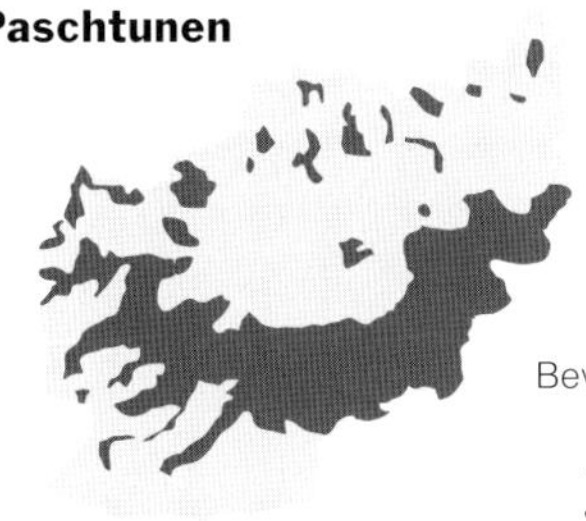

Bevölkerungsanteil
38%

Die Paschtunen stellen die überwältigende Mehrheit der Taliban.

Tadschiken

Bevölkerungsanteil
25%

Die Tadschiken stellen die Mehrheit der gegen die Taliban kämpfenden Kräfte.

Hazara

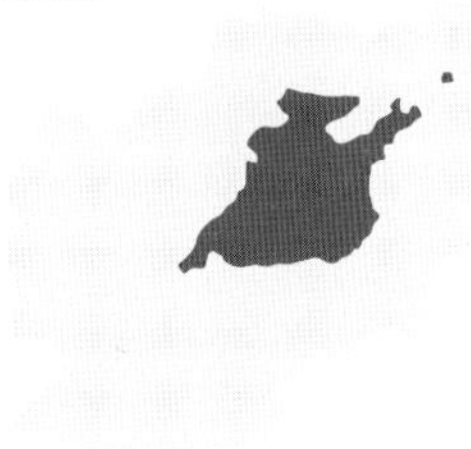

Bevölkerungsanteil
19%

Viele Hazara, eine religiöse Minderheit, sind gegen die Taliban.

Turkmenen

Bevölkerungsanteil
weniger als 10%

Die ethnische Minderheit steht meist auf Seiten der Nordallianz.

Usbeken

Bevölkerungsanteil
8%

Anhänger Abdul Rashid Dostums, der gegen die Taliban kämpft.

Quelle: CIA THE NEW YORK TIMES

JAMES HILL FÜR NYT

Paschtunen, Usbeken, Tadschiken und Hazara sind versammelt, um die Verlobung eines Paschtunen-Paares zu feiern. Paschtun, Afghanistan. 28. Oktober 2001.

Opium

FOTOS: VINCENT LAFORET/NYT

Ein Mann im Opiumrausch hat Mühe, die Augen offen zu halten, als einige Mitsüchtige ihm zum Scherz eine Schlange auf den Kopf setzen. Quetta, Pakistan. 30. September 2001.

Die Taliban sind hier verschwunden und mit ihnen das Verbot, Mohn anzubauen. Nach Angaben des Drogenkontrollprogramms der Vereinten Nationen sank in Afghanistan die Produktion an Rohopium von mehr als einer halben Million Kilogramm im Jahr 1999 (einer neuen Rekordmenge) auf rund 20 000 Kilo in diesem Jahr, das entspricht einem Rückgang von 96%.

Man kann von den Taliban sagen, was man will, aber sie lehnten den Mohnanbau rigoros ab und sperrten Bauern, die sich dem Verbot widersetzten, ein. Nun aber ist damit zu rechnen, dass Afghanistan in ein bis zwei Jahren seinen Ruf als Hauptlieferant der Welt für Heroin wieder erlangt.

Tim Weiner
26. November 2001

Mohammed Tahir stammt aus dem Dorf Gudara mit etwa 4 000 Einwohnern. »Wir sind arme Leute«, sagte er, 30 Stunden bevor die letzten Bomben fielen. »Unsere Bäume sind der einzige Schutz vor Kälte und Wind. Die Bäume sind weggebombt worden. Unseren Wasserfall, unsere einzige Wasserquelle, haben sie zerbombt. Wo bleibt da die Menschlichkeit? Die zivilisierten Staaten reden immer von Menschenrechten, und dann bombardieren sie uns. Geben Sie das ruhig ans Pentagon weiter: Das hier ist unser Dorf. Das ist der einzige Ort, an dem wir leben können.«

Timur Shah, 27, ist Bauer, er ist auf einem Auge blind und hat sein rechtes Bein verloren – Folge einer sowjetischen Mine, als er 14 Jahre alt war.

»Zu Zeiten der Taliban herrschte Frieden. Aber die Taliban kümmerten sich nur um Recht und Gesetz, den Bart und den Turban. Sie kümmerten sich nicht um Arbeitsplätze und Industrie, und auch sonst um nichts. Wir erwarten von der neuen Regierung, dass sie hier und überall in Afghanistan Arbeitsplätze schafft.«

»Nun, wenn jemand will, dass wir mit dem Mohnanbau aufhören, so können wir das schon, wenn man uns dafür andere Arbeit gibt«, fügte er hinzu. »Wir fühlen uns schuldig, aber wir haben keine Wahl. Ich weiß, dass der Mohn für alle Gift ist. Aber können Sie mir ins Gesicht sagen, dass ich ihn nicht anbauen soll? Wir würden sterben, weil wir weder Brot noch anderes Essen hätten.«

Tim Weiner
3. Dezember 2001

Opiumsüchtige zünden sich auf dem Friedhof von Quetta eine Pfeife an. 30. September 2001.

Zahir Shah, 24: »Ich habe mein eigenes Stückchen Land. Ich baue Mais und Gemüse an, und ich habe vier Schafe und sechs Kühe. Das ist einer meiner Vögel. Wenn mir das Geld ausgeht, dann nehme ich einen von ihnen, gehe in die Stadt und verkaufe ihn auf dem Basar. Letzte Nacht habe ich im Paschtu-Nachrichtensender der BBC gehört, dass dort ein Erntefest stattfindet und sie diesen Vogel essen. Wir nennen ihn Elefantenvogel.«

Strassenporträts

Aufnahmen von Stephen Crowley / NYT

Die Geschichte Afghanistans gleicht der Hiobs, nur dass Gott noch nicht in einem Wirbelwind erschienen ist, um all das Leid zu erklären und alles wieder in Ordnung zu bringen. Es ist ein Land, in dem der Krieg die Zeit aus den Angeln gehoben hat, wo Menschen in Ruinen leben, die archäologischen Ausgrabungsstätten gleichen und sich der Werkzeuge längst vergangener Jahrhunderte bedienen. Mit primitiven Hilfsmitteln, wie handgeschnitzten Pflügen aus Holz für die Feldarbeit und handgeformten Tonöfen zum Brotbacken, bringen sie die Dinge hervor, die das Leben erträglich machen.

Mit einer Kamera, wie sie Straßenfotografen in Afghanistan verwenden, um Aufnahmen für Visa und Pässe anzufertigen, hielten wir die Gesichter von afghanischen Menschen in der Marktstadt Jalalabad fest, gut 30 Kilometer von Tora Bora entfernt. Die handgefertigte Kamera und die angewandten Verfahren entsprechen dem technischen Stand der Fotografie um die vorletzte Jahrhundertwende. Die Linse hat keinen Verschluss. Stattdessen werden die Belichtungszeiten von zwei bis sechs Sekunden dadurch erreicht, dass man die Linsenabdeckung entsprechend lange entfernt. Das Bild wird auf fotoempfindlichem Papier festgehalten, nicht auf einem Film. Diese einfache Kamera erfasste die übel riechende, staubige Luft des Basars und die schlichte Kultur in einer Art und Weise, wie dies in Farbe nicht möglich wäre.

Ende November hielten wir wahllos Passanten an, Gassenjungen, Lumpensammler, Bauern, Händler, bewaffnete Söldner, sie alle waren sichtlich erschüttert von den Kämpfen und beteten um Frieden. Wir machten Porträtaufnahmen von ihnen und unterhielten uns mit ihnen, während wir die Negative entwickelten. Die Negative wurden mit einer Digitalkamera abfotografiert und mit Hilfe eines Laptop in Positivbilder umgewandelt.

Ramazan, der die Augen eines alten Seefahrers hatte, erzählte uns, wie der Krieg Afghanistan auseinander gerissen hat. Als er jung war, so sagte er, sei sein Dorf ein Paradies aus Obst- und Rosenhainen gewesen, ein friedliches Königreich. Nun ist das alles fort, sagte er, und »wir wissen nicht, wie das Wetter ist und was für eine Jahreszeit wir haben.«

Tim Weiner und Stephen Crowley
27. März 2002

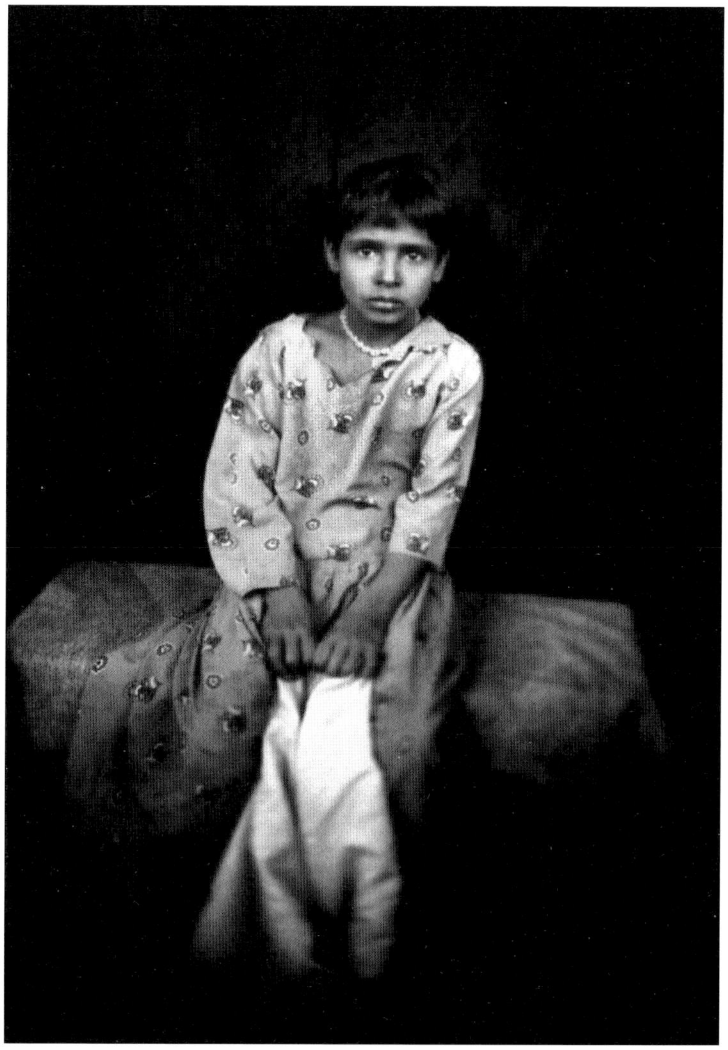

Breakhna, 9: Ihr Name bedeutet »Blitz«. »Ich gehe gern zur Schule, aber im Moment habe ich kein Geld, um Bücher zu kaufen. Ich sortiere Müll. Ich sammle Plastik. Das ist nützlich. Von zu Hause bis zur Arbeit muss ich eine Stunde laufen. Nachts habe ich den Lärm der Bomben gehört. Ich habe angefangen zu weinen, meine Mutter nimmt mich in die Arme, aber ich kann nicht schlafen.«

Romel, 13: Er geht in die siebte Klasse. »Ich sah, wie mein Cousin bei einem Bombenangriff ums Leben kam. Er war 20. Sein Name war Mohammed Afzal. Ich will nicht mehr daran denken. In den letzten zwei Monaten waren viele Bombenangriffe in der Nähe meines Dorfes. Viele Häuser sind zerstört worden. Viele Unschuldige sind ums Leben gekommen. Das ist unser Schicksal. Wenn es Krieg gibt zwischen den Arabern, den Taliban und Amerika, warum müssen sie dabei Zivilisten treffen? Wir haben doch nichts getan.«

Abdul Haq (weiß nicht, wie alt er ist): »Mein Vater ist vor Jahren bei Kämpfen ums Leben gekommen, und wir hatten kein Geld, also habe ich angefangen, für meinen Onkel zu arbeiten, der Schuhe näht. Letztes Jahr habe ich meine eigene Schutzputzkiste und Schuhcreme bekommen und habe mit der Arbeit angefangen. Für einmal Putzen bekomme ich drei pakistanische Rupien (etwa 5 Cents). Ich habe kein Geld für die Schule, also arbeite ich. Ich würde gerne in die Schule gehen. Nach den ersten Bombenangriffen sind fast alle aus meiner Straße weggelaufen, einige gingen nach Pakistan, andere richtig weit weg. Diese Nacht war ein Albtraum für mich.«

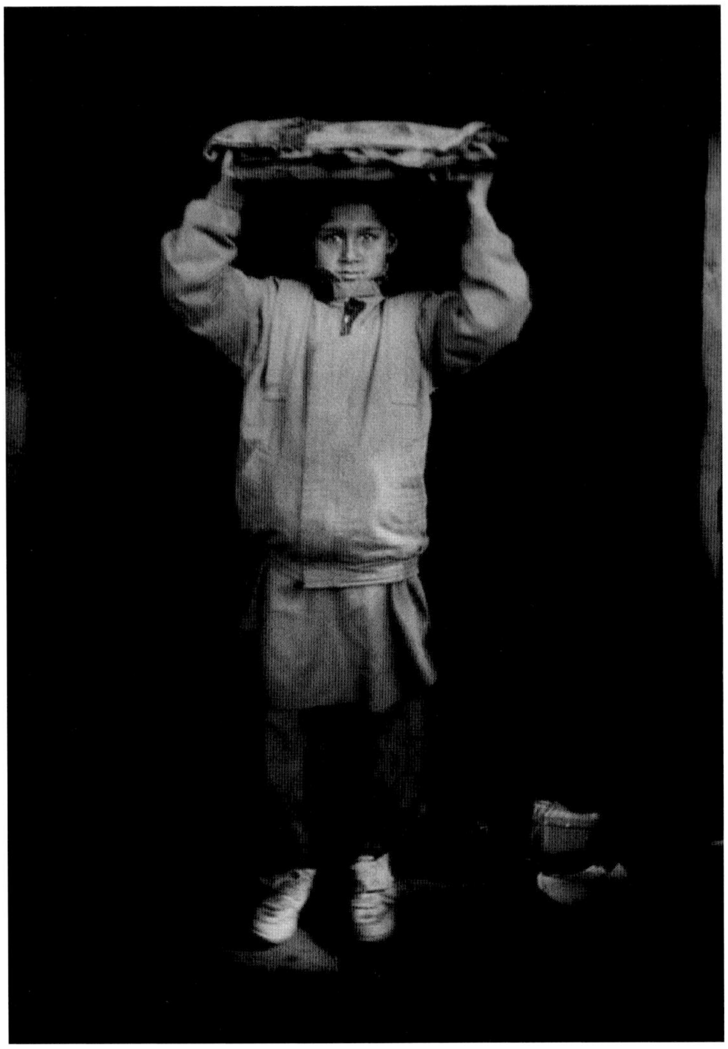

Roheel (glaubt, dass er 10 ist): Er verkauft »Bolani«, ein schmackhaftes Brot, für etwa 4 Cents das Stück. »Wenn ich erwachsen bin, möchte ich Arzt werden. Denn in dieser Stadt brauchen wir Ärzte. Es gibt so viele Verwundete hier, wegen des Krieges.«

Ramazan, 42: Er ist Barbier im Dorf Karghi in der Provinz Laghman. »Bei dem Bombenangriff vor einem Monat habe ich meine vier jüngsten Kinder verloren. Javaid war sieben Jahre alt, Samur war sechs, Hidayat vier und Mushabana war ein Jahr alt. Zu Zeiten von König Zahir Schah, da war ich ein junger Mann, etwa 16. Da gab es kein Leid zu dieser Zeit. Da herrschte Freiheit. Wir konnten die Jahreszeiten spüren, wie der Sommer in den Winter übergeht. In den letzten 23 Jahren wissen wir nicht, was für ein Wetter ist oder was für eine Jahreszeit wir haben. Wenn Gott will, wird es wieder einmal so sein wie früher. Aber ich bin nicht sicher.«

Ahmed Fawad, 18: »Ich komme aus Kabul. Ich habe gehört, dass es in Jalalabad schon Frieden gibt, und bin hergekommen, um nach Arbeit zu suchen. Ich bin Zimmermann. Mein Vater war auch Zimmermann. Dort, wo ich lebte, wurden fast alle Häuser zerstört. Das fing an, als ich etwa zehn Jahre alt war. Es war Hekmatijar, der Premierminister wurde. Erst zerstörte er die Häuser, dann zerstörte er die Stadt, dann wurde er Premierminister. So läuft das hier. In meinem ganzen Leben habe ich nie Frieden erlebt. Seit meiner Kindheit habe ich nur Blut, Munition und Gewehre gesehen, sonst nichts. Wenn es Frieden gibt und ich Häuser bauen soll, dann bin ich bereit, Tag und Nacht zu arbeiten.«

DANIEL PEARL
(1963–2002)

»Ich schwöre Ihnen, die Terroristen haben meinen Mann nicht besiegt, was immer sie ihm angetan haben mögen. Auch ist es ihnen nicht gelungen, ihn seiner Würde als Mensch zu berauben.«

MARIANE PEARL
23. FEBRUAR 2002

Nach Aussagen von Kollegen und Freunden beweist das Werk, das der 38-jährige Daniel Pearl hinterlassen hat, wo seine Stärken lagen: nämlich undurchsichtigen oder oberflächlich betrachtet einfachen Geschichten mit Beharrlichkeit auf den Grund zu gehen, sie mit Einfühlungsvermögen und nuanciert zu erläutern. Dies sah er als seine Mission an, so seine Freunde, und er starb bei einer solchen.

SUSAN SAULNY
22. FEBRUAR 2002

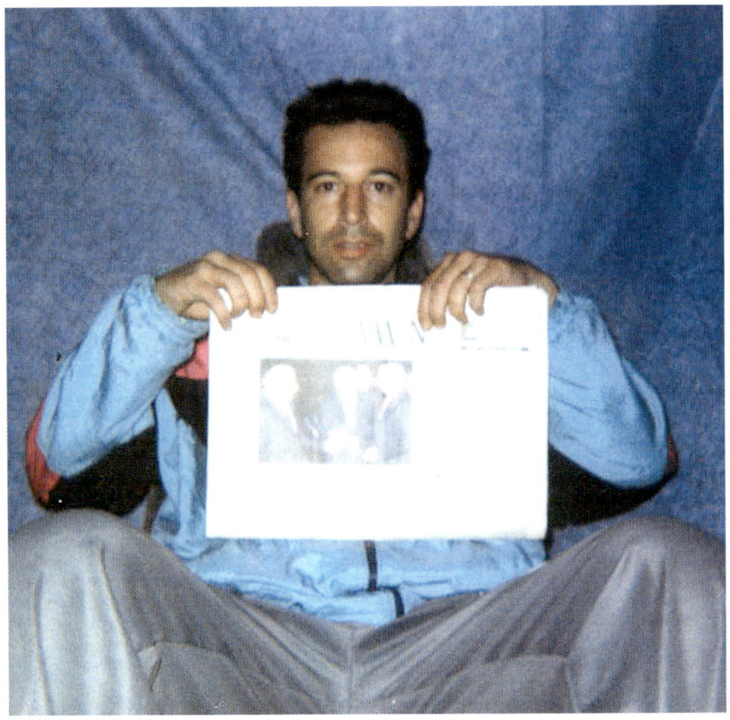

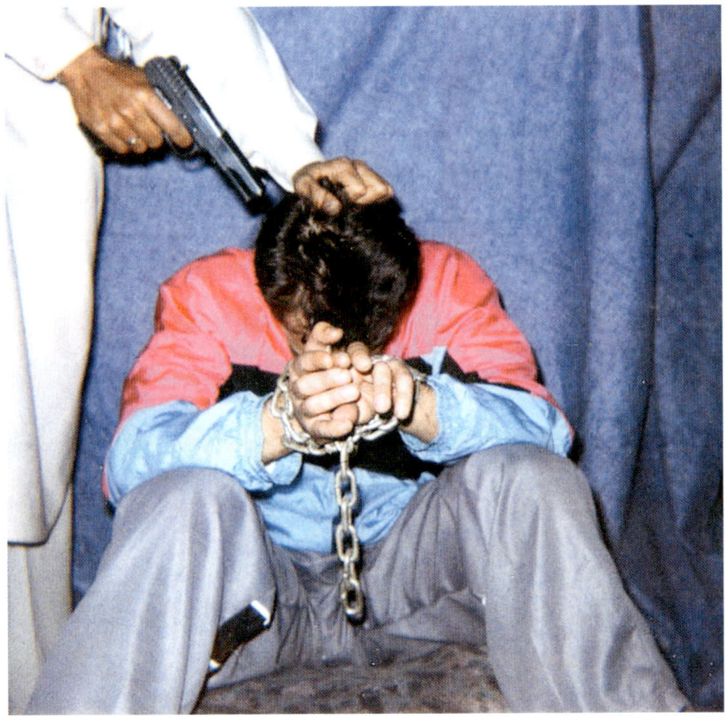

Drei Tage nachdem Daniel Pearl nicht von einer abendlichen Verabredung zurückgekehrt war, erhielten pakistanische und westliche Nachrichtenagenturen eine E-mail mit diesen beiden Fotos.
Am 30. Januar folgte eine zweite E-mail, in der mit seiner Ermordung gedroht wurde, wenn die Bedingungen der Entführer, darunter die Rückführung der pakistanischen Gefangenen, die sich auf Kuba in amerikanischer Haft befanden, nicht innerhalb von 24 Stunden erfüllt würden.

Nach offiziellen Angaben aus Pakistan und den USA wurde Daniel Pearl, der vor vier Wochen in Pakistan entführte Reporter des Wall Street Journal, von seinen Entführern ermordet. Ein letzten Mittwoch den pakistanischen Behörden zugespieltes Video, das sich nunmehr im Besitz von FBI-Agenten befindet, liefert den eindeutigen Beweis seines Todes.

Die Übergabe des Bandes beendete einen langen Monat der Ungewissheit, in dem seine schwangere Frau Mariane ebenso wie seine Eltern und Kollegen einem Wechselbad der Gefühle ausgesetzt waren.

Der Fall des 38-jährigen Pearl, der seit etwa zwei Jahren die Südostasien-Redaktion der Zeitung leitete, wird wohl dazu führen, dass Amerika seinen Druck auf Pakistan verstärkt, die islamischen Milizen im Land, die vermutlich hinter dem Verbrechen stecken, zu zerschlagen.

Seine Ermordung scheint Teil einer Rachekampagne pakistanischer Milizen gegen Präsident Pervez Muscharaf zu sein, der den Taliban und anderen Extremisten, die seit langem Verbindungen zur pakistanischen Regierung pflegten, den Rücken kehrte. Zugleich sollte es General Muscharafs Ansehen schmälern, da seine Regierung sich optimistisch geäußert hatte, dass der Fall gelöst und Pearl unbeschadet zurückkehren würde.

Während des Kriegs in Afghanistan begann Daniel Pearl, der unter Kollegen als vorsichtiger Reporter galt, im Fall von Richard C. Reid zu ermitteln. Reid wurde beschuldigt, mit Hilfe von Sprengstoff, den er in seinem Schuh versteckt hatte, die Zerstörung eines Passagierflugzeugs auf dem Weg von Paris nach Miami geplant zu haben.

Reid, ein britischer Staatsbürger, hatte den Islam in Pakistan studiert und zwar, wie berichtet wird, bei einer Person namens Sheik Gilani. Pearl war an einem Treffen mit Sheik Gilani interessiert, wobei er per Telefon und E-mail Verhandlungen führte, die ihn zu dem Restaurant The Village in Karachi führten, wo er offensichtlich seinen Entführern in die Hände fiel.

Kurz nach der Entführung am 23. Januar nahmen die Entführer per E-mail Kontakt auf, wobei der Ton ihrer Nachrichten scharf antiamerikanisch war. Sie beschuldigten Pearl, zuerst ein Agent der CIA und dann des israelischen Geheimdienstes Mossad zu sein. Die zweite gesicherte E-mail enthielt auch eine Nachricht in Urdu. Gemäß einer Übersetzung der New York Times lautete sie: »Unsere Absicht ist es nicht, Pakistan zu schaden, sondern es von der Versklavung durch Amerika und andere Länder zu befreien.«

Einer der Schritte, die amerikanische Behörden nun nach eigenen Angaben in Erwägung ziehen, ist, Pakistan um die Auslieferung des Hauptverdächtigen in diesem Fall zu bitten, um in den USA Anklage gegen ihn zu erheben. Der Verdächtige Ahmed Omar Sheikh ist ein in Großbritannien geborener Extremist, der vor einem pakistanischen Gericht seine Beteiligung an dem Verbrechen zugab.

Felicity Barringer und Douglas Jehl
22. Februar 2002

AAMIR QURESHI/AGENCE FRANCE-PRESSE

Pakistanische Polizisten mit Fahad Nasim, der beschuldigt wurde, als Komplize Ahmed Omar Said Sheikhs an der Entführung und Ermordung Daniel Pearls beteiligt gewesen zu sein. Karachi, Pakistan. 21. Februar 2002.

Die Drohung der Rebellenführer

Die illustre Schar der Rebellenführer, die Anfang der 90er Jahre Afghanistan spalteten und von den Taliban wegen ihrer Korruption besiegt werden konnten, sitzt wieder fest im Sattel und wartet seelenruhig darauf, ihre Macht wie gewohnt auszuüben. Von Westen nach Osten ging die Herrschaft über die strategisch bedeutsamen Städte in weniger als einer Woche an dieselben Führer über, die vor fast sechs Jahren vor den anrückenden Taliban geflohen waren.

In Kandahar, der letzten von den Taliban noch gehaltenen Stadt, gilt der Machthaber, der sie einst den Taliban überließ, Mullah Naquib, als ein möglicher Nachfolger des Taliban-Anführers Mullah Mohammed Omar.

Die schnelle Rückkehr der Rebellenführer wird die Bildung einer soliden afghanischen Regierung erschweren, deren Aufbau die Bush-Regierung unterstützen will.

Da Grundbesitz einer der wichtigsten Faktoren bei der Verteilung politischer Macht in Afghanistan ist, eilt es nach Aussage Raschids den Rebellenführer nicht sonderlich mit der Bildung von Koalitionen. Die meisten von ihnen haben Verbindungen zur Nordallianz, deren Kommandanten in Kabul sich weigern, ihre Truppen zurückzuziehen, was ein wichtiger erster Schritt wäre, um die Verhandlungen zur Bildung einer neuen Regierung, die alle Gruppen des Landes mit einschließt, in Gang zu bringen.

Raschid ist der Meinung, dass nur eine in ganz Afghanistan stationierte internationale Streitmacht Ordnung in das Chaos bringen könne, auch sollten die westlichen Mächte Diplomaten entsenden, um die politische Entwicklung voranzutreiben.

Jane Perlez
19. November 2001

Die Soldaten des besiegten Warlords Padscha Khan Zadran wurden von den Kämpfern des rivalisierenden Kommandanten Saifullah in Gardez, Afghanistan, nach einer zweitägigen Schlacht interniert. 31. Januar 2002.

CHANG W. LEE/NYT

Neue Hoffnung

Hamid Karsai, der zum Chef der Übergangsregierung von Afghanistan ernannt wurde, ist einerseits ein traditioneller Stammesfürst aus der Taliban-Hochburg Kandahar und zugleich ein langjähriger Anführer der Anti-Taliban-Bewegung, weshalb die politischen Kräfte in Washington auf ihn aufmerksam wurden.

Seit Karsai im Oktober heimlich von Pakistan aus ins südliche Afghanistan eingereist war, stellte er die größte amerikanische Hoffnung für den Widerstand im Süden dar, da er von Stadt zu Stadt zog, um andere Paschtunen-Führer zum Aufstand gegen die Taliban zu bewegen.

Nachdem Karsai letzten Monat nur knapp dem Tod entrann, anscheinend dank eines amerikanischen Militärhubschraubers, stand er heute Nacht nur zehn Meilen nördlich von Kandahar, das sich weiterhin unter der Herrschaft Mullah Mohammed Omars und seiner arabischen Kämpfer befindet.

»Die Arbeit für Frieden und Sicherheit in Afghanistan ist für mich von größter Wichtigkeit«, sagte Karsai heute Abend über Satellitentelefon.

Norimitsu Onishi
6. Dezember 2001

Hamid Karsai, Chef der afghanischen Übergangsregierung, nach der Zeremonie zu seinem Amtsantritt in der Hauptstadt. 22. Dezember 2001.

JAMES HILL FÜR NYT

CHANG W. LEE/NYT

Geblendet vom Sonnenlicht, legen Hazara die Hand vor die Augen, als sie ihren heimgekehrten Anführer Karim Khalili in der Mohamadia-Moschee in Kartasaki begrüßen. Khalili war nach seinem fünf Jahre langen Kampf gegen die Taliban nach Kabul zurückgekehrt. 27. Dezember 2001.

Die Tauben sind wieder da

Nur wenige hier behaupten zu wissen, was die Zukunft für Mazar-i-Sharif oder Afghanistan bringen wird, aber im Augenblick stehen die Zeichen gut.

Vor der Azrat-Ali-Moschee sind die Tauben zurückgekehrt. Die Vögel spielen eine berühmte Rolle in der Geschichte der Stadt: Der Legende nach wurden sie von Sultan Hussein Baiqhra im 17. Jahrhundert aus Nejev im heutigen Irak hergebracht. In Nejev, so heißt es, ruhe der Körper Alis, des Sohns des heiligen islamischen Propheten Mohammed, und in Mazar-i-Sharif ruhe sein Geist.

Quri Amonullah, der Mullah von Azrat Ali, erzählt, dass die Tauben, die Ersten waren, die fortzogen, als die Kämpfe in Mazar-i-Sharif ausbrachen, und häufig kehrten sie als Letzte zurück.

»Sie ziehen zu ausgewählten Verstecken«, erläuterte der Geistliche mit dem Turban. »Manchmal für viele Tage.«

Aber nun scheinen die Tauben, die soviel erlebt haben, bleiben zu wollen.

Dexter Filkins
9. Dezember 2001

Vor dem Schrein von Azrat Ali in Mazar-i-Sharif erklärte der Mullah der Moschee, die Tauben seien die Ersten, die fortflögen, wenn Krieg ausbreche, und sie seien die Letzten, die zurückkehrten. 6. Dezember 2001.

JAMES HILL FÜR NYT

Almanach des Terrors

Zahlen und Fakten

Der Anschlag

- 8:46:26 Uhr: American-Airlines-Flug 11, eine Boeing 767, die von Boston in Richtung Los Angeles gestartet war, schlägt in den Nordturm des World Trade Center in Lower Manhattan ein. Die Maschine hatte ca. 38 000 Liter Kerosin an Bord und flog mit einer Geschwindigkeit von schätzungsweise knapp 950 Stundenkilometern. Sie raste zwischen dem 94. und 98. Stock in den Nordturm und explodierte dort mit der Wucht von 240 Tonnen Dynamit. Die Erschütterung wurde vom Seismographen des Lamont-Observatoriums knapp 34 Kilometer nördlich von Manhattan mit einem Ausschlag von 0,9 registriert, was etwa einem leichten Erdbeben entspricht.

- 9:02:54 Uhr: United-Airlines-Flug 175, eine Boeing 767, die ebenfalls von Boston nach Los Angeles gestartet war, schlägt in den Südturm des World Trade Center ein. Diese Maschine, die etwa 770 Stundenkilometer schnell und ebenfalls voll betankt ist, trifft den Südturm zwischen dem 78. und dem 84. Stock.

- 9:38 Uhr: American-Airlines-Flug 77, eine Boeing 757, die von Washington, D. C., in Richtung Los Angeles gestartet war, schlägt ins Pentagon ein.

- 9:59:04 Uhr: Der Südturm des World Trade Center stürzt ein.

- 10:06 Uhr: United-Airlines-Flug 93, eine Boeing 757, die von Newark, New Jersey, nach San Francisco fliegen sollte, stürzt 130 Kilometer südöstlich von Pittsburgh ab.

- 10:28:31 Uhr: Der Nordturm des World Trade Center stürzt ein, wobei der Seismograph des Lamont-Observatoriums einen Ausschlag von 2,3 registriert.

- Alle 246 Passagiere und Crewmitglieder an Bord der vier Maschinen kommen ums Leben, ebenso die 19 arabischen Flugzeugentführer, die alle der al-Qaida angehören, einer terroristischen Vereinigung unter Führung von Osama bin Laden. 15 von ihnen stammen wie bin Laden aus Saudi-Arabien.

- An einem normalen Arbeitstag befinden sich um 9.00 morgens etwa 35 000 Menschen im World Trade Center. Am 11. September hielten sich in jedem der Türme zwischen 5 000 und 7 000 Personen auf.

- Nach Stand der Dinge vom 22. April 2002 sind bei den Anschlägen auf das World Trade Center 2 825 Menschen aus über 115 Ländern ums Leben gekommen. Am 24. September hatte die Polizei noch mit einer Zahl von bis zu 6 659 Toten gerechnet.

Unter den Toten waren:
- 343 Feuerwehrmänner und Sanitäter,
- 23 Beamte der New Yorker Polizei,
- 37 Beamte der Hafenbehörde,
- 658 Angestellte der Firma Fitzgerald, die u. a. mit Staatsanleihen handelt und deren Büros auf vier Etagen im Nordturm lagen,
- 78 Mitarbeiter des Restaurants Windows of the World im 106. Stock des Nordturms

- 147 Tote an Bord der beiden entführten Maschinen
- 134 Vermisste
- 934 Sterbeurkunden wurden von Ärzten ausgestellt
- 1759 Sterbeurkunden wurden auf Antrag von Familien ausgestellt, in Fällen, wo bislang keine Überreste indentifiziert werden konnten.

- Nach Auswertung von mehr als 90% der Sterbeurkunden der geschätzten 2 825 Opfer des Anschlags auf das World Trade Center starben mehr als dreimal so viele Männer wie Frauen. Die meisten waren zwischen 35 und 39 Jahre alt. Die Opfer kamen aus 25 US-Bundesstaaten, davon 64% aus dem Staat New York. Das jüngste Opfer ist vermutlich die zweieinhalb Jahre alte Christine Lee Hanson aus Groton, Massachusetts, die sich an Bord von Flug 174 befand. Das älteste Opfer ist aller Wahrscheinlichkeit nach der 85-jährige Robert Grant Norton aus Lubec, Maine, Passagier von Flug 11.

- 184 Menschen starben im Pentagon, davon 59 an Bord der entführten Maschine.

- In Pennsylvania kamen 40 Menschen an Bord des entführten Flugzeugs ums Leben.

- Die Aufräumungsarbeiten an der Unglücksstelle wurden unermüdlich fortgesetzt. Zu jeder Stunde arbeiteten hier zwischen 600 und 700 Menschen. Bis zum 8. April 2002 wurden 101 759 Lastwagenladungen Schutt mit einem Gesamtgewicht von 1 506 124 Tonnen, davon 183 863 Tonnen Stahl, abtransportiert.

- Die Kosten für die Aufräumungsarbeiten werden etwa 600 Millionen Dollar betragen und damit weit unter den geschätzten 2 Milliarden Dollar liegen. Im Mai 2002 wurden die Aufräumungsarbeiten offiziell abgeschlossen, während ursprüngliche Schätzungen von zwei bis drei Jahren ausgingen.

- Gold und Silber (379 036 Feinunzen Gold und 29 942 619 Millionen Feinunzen Silber) im Wert von 230 Millionen Dollar, die der Bank of Novia Scotia gehörten, waren in einem Tresorraum unter dem World Trade Center 4 verschüttet. Im März 2002 begann man unter Aufsicht bewaffneter Wachen mit dem Abtransport.

- Unter dem World Trade Center 7, das einige Stunden nach den Türmen einstürzte, wurde ein geheimer Stützpunkt der CIA begraben. Das getarnte Büro, das zum Schein den Namen einer anderen Bundesbehörde trug, diente als Einsatzbasis zur Ausspionierung und zum Anwerben ausländischer Diplomaten.

- Mehr als 30 größere Wohltätigkeitsorganisationen haben mindestens 1,4 Milliarden Dollar für die Familien der Opfer gesammelt. Bis zum 11. März 2002 hatte das Rote Kreuz von den bisherigen Spenden in Höhe von 930 Millionen Dollar bereits 558 Millionen an die Angehörigen ausgezahlt.

- Das World Trade Center wurde in achtjähriger Bauzeit von 10 000 Arbeitern errichtet und 1970 eröffnet. Der Südturm war 415 Meter hoch, der Nordturm 417 Meter. Zusammen belief sich ihr Gewicht auf 1,5 Millionen Tonnen. Der gesamte Komplex bot 1,1 Millionen Quadratmeter Bürofläche auf knapp 6,5 Hektar Grund in Lower Manhattan. Knapp 110 Kilometer Stahl und 325 000 Kubikmeter Zement wurden verbaut, genug, um einen 1,5 Meter breiten Bürgersteig von New York City nach Washington, D. C., zu bauen.

Der Krieg gegen den Terrorismus

- Vom 11. September 2001 bis zum 31. Januar 2002 beliefen sich die zusätzlichen Ausgaben für den Krieg gegen den Terrorismus auf 10 717 Milliarden Dollar. Die geschätzten Kosten für den Krieg in Afghanistan, für die so genannte »Operation Enduring Freedom«, betrugen 1 Milliarde Dollar pro Monat.

- Am 7. Oktober, dem ersten Tag der amerikanischen und britischen Bombenangriffe auf Afghanistan, waren 15 landgestützte Bomber und 25 Kampfjets von Flugzeugträgern im Einsatz. Zudem wurden 50 Tomahawk-Cruise-Missiles von Kriegsschiffen abgefeuert. An den schwersten Luftangriffen waren bis zu 100 Flugzeuge beteiligt.

- Zur Unterstützung der Kämpfe in Afghanistan setzten die USA Anfang November 50 000 Soldaten des Heeres, der Marine und der Luftwaffe, drei Flugzeugträgereinheiten und mehr als 400 Flugzeuge ein. Sie waren in einem weiten Bogen vom Roten Meer bis zum Indischen Ozean stationiert. 25 000 Mann befanden sich an Bord von Kriegsschiffen im Arabischen Meer. Eine Truppe von 3000 Mann war in Oman stationiert, zwei weitere mit je 1 500 und 2 000 Soldaten standen in Usbekistan.

- Die Kosten der Stationierung betrugen 634 Millionen Dollar.

- Bis zum März 2002 erhöhte sich die Zahl der in Afghanistan befindlichen US-Streitkräfte auf rund 7 000 Mann.

- Bis zum 25. Dezember 2001 waren von den amerikanischen Flugzeugen etwa 17 000 Kampfeinsätze geflogen worden.

- Bis zum 2. April 2002 waren 22 434 Bomben über Afghanistan abgeworfen bzw. gezielt abgeschossen worden, 60% präzisionsgelenkt, das sind 10% mehr als im Golfkrieg.

Die Kosten pro Stunde für amerikanische Flugzeuge:
- B-52-Bomber: 86 000 Dollar
- B-2-Bomber: 137 000 Dollar (Für einen Einsatz eines B-2-Bombers in Afghanistan werden 34 Stunden benötigt.)
- F-15-Kampfjets: 4 500 Dollar
- F-18-Kampfjets: 5 000 Dollar

- Jede so genannte Joint-Direct-Attack-Munition-Präzisionsbombe (ausgerüstet mit Leitwerk und GPS-Empfänger) kostet etwa 25 000 Dollar.

- Jede Cruise Missile kostet zwischen ein und zwei Millionen Dollar. In den ersten zwei Wochen der Bombenangriffe wurden 88 dieser Marschflugkörper abgefeuert.

- Die größte Bombe im Arsenal der USA, die BLU-8, auch »Big Blue« oder »Daisy Cutter« – »Gänseblümchenmäher« genannt, wiegt 7 500 Kilogramm.

- Die Streitkräfte der Taliban (Schätzungen):
- Veteranenstamm: 2 000 bis 3 000 Mann
- Anhänger, die nach 1995 dazu stießen: 6 000 bis 8 000
  Truppen von Rebellenführern, anderen Volksgruppen und
- Zwangsverpflichteten: 20 000 bis 25 000
  Freiwillige aus dem Ausland: 8 000 bis 12 000 (5 000 bis 7 000 Pakistanis, 1 500 bis 2 000 Tschetschenen und Usbeken, 2 000 bis 3 000 Al-Qaida-Kämpfer, die meisten aus arabischen Staaten).

- Gefallene auf Seiten der Taliban bis Mitte Januar (geschätzt): 3 000 bis 4 000.

- Gefallene auf Seiten der »afghanischen Araber« bis Mitte Januar (geschätzt): 6 000 bis 8 000.

- Etwa 7 000 Soldaten der Taliban und ihrer ausländischen Truppen wurden gefangen genommen.

- Bis zu 50 000 Terroristen aus 50 Ländern sind möglicherweise von der al-Qaida in den letzten Jahren ausgebildet worden. Seit 1996 wurden Schätzungen zufolge etwa 20 000 Kämpfer aus über 20 Ländern in einem Dutzend Trainingslager der Organisation in Afghanistan geschult.

- Zwischen Mitte September 2001 und Mitte Januar 2002 starben zwischen 8 000 und 18 000 afghanische Zivilisten auf ihrer Flucht aus den Kriegsgebieten an Hunger, Kälte und Folgekrankheiten.

- Die Zahl der unmittelbar durch die Operation Enduring Freedom verursachten zivilen Opfer liegt bei 1 000 bis 4 000.

- Aufgrund der amerikanischen Bombenangriffe befinden sich 500 000 Afghanen auf der Flucht oder/und sind obdachlos.

- Zwischen dem 7. Oktober und dem 3. Dezember 2001 wurden 2 423 700 Tagesrationen als Hilfsmaßnahme in Afghanistan abgeworfen.
  Die Kosten hierfür: ca. 51 Millionen Dollar.

- Bis zum 5. März 2002 verloren bei der Operation Enduring Freedom 22 amerikanische Soldaten das Leben (10 bei Kampfhandlungen, 12 infolge von Unfällen).

- Die Zahl der Gefallenen auf Seiten der alliierten afghanischen Truppenverbände belief sich bis Mitte Januar auf weniger als 600.

- Die Luftangriffe der USA hinterließen schätzungsweise 36 000 nicht explodierte Streubombenkanister auf afghanischem Boden. Etwa 10 bis 15 Millionen scharfe Landminen liegen noch als Erbe der Sowjets in Afghanistan.

- 136 Länder haben den USA bis Mitte Januar 2002 ihre militärische Unterstützung im Kampf gegen den Terrorismus angeboten.

• Bis März 2002 wurden auf Veranlassung der USA 33 Millionen Dollar an Vermögenswerten von 153 Terroristen, terroristischen Organisationen und Finanzzentren eingefroren, weitere 33 Millionen Dollar von anderen Staaten.

• Etwa 39 000 Menschen erhielten eine Reihenprophylaxe mit Antibiotika, um sie vor einer etwaigen Anthrax-Infektion zu schützen.

• Fünf Menschen starben, da sie mit Anthrax-Sporen in Kontakt gekommen waren, die Mitte September an Büros von Medienunternehmen und an die Regierung geschickt wurden. Das letzte Opfer starb am 2. November 2001, es war eine 94-jährige Frau aus Oxford, Connecticut.

• Das US-Gesundheitsministerium erklärte, dass für den Fall eines Terroranschlags mit Biowaffen Impfstoff gegen Pocken für 300 Millionen Menschen gelagert würde.

Wirtschaftliche Folgen

• Die Gesamtkosten für die Planung und Ausführung der Anschläge vom 11. September werden auf 500 000 Dollar geschätzt.

• Die Kosten für das »Tribute of Light«, ein vorübergehendes Mahnmal am World Trade Center aus 88 Suchscheinwerfern, die zwei Lichtsäulen in den Nachthimmel projizieren, belaufen sich ebenfalls auf 500 000 Dollar.

• Der Internationale Währungsfond beziffert die unmittelbaren Kosten des 11. September für die USA mit 21 Milliarden Dollar.

• Bis zum 11. Februar 2002 hatten Versicherungen infolge des 11. September Anspruchsforderungen in Höhe von 52 Milliarden Dollar erhalten.

• Als Folge der Anschläge vom 11. September wurden von der amerikanischen Luftfahrtindustrie 100 000 Menschen entlassen.

• Am 21. September 2001 erhielten die amerikanischen Fluggesellschaften Barzahlungen oder Kreditzusagen der amerikanischen Bundesregierung im Wert von 15 Milliarden Dollar zur Betriebssicherung.

• Nach Schätzungen werden die Anschläge die Wirtschaft New Yorks bis zum Jahr 2004 etwa 83 Milliarden Dollar kosten.

• In der City gingen infolge der Anschläge 125 000 Arbeitsplätze verloren, und man rechnet bis zum Ende des Jahres 2003 mit einem tatsächlichen Verlust von 57 000 Arbeitsplätzen.

• In den ersten 12 Monaten nach dem 11. September wird mit einem Rückgang des internationalen Tourismus in New York um 25% gerechnet, was die Stadt 5 Milliarden Dollar kostet.

• Aufgrund der Anschläge vom 11. September werden im Jahr 2002 in den USA schätzungsweise 1,6 Millionen Arbeitsplätze verloren gehen.

• Zwischen September und Dezember 2001 wurden 30 US-Flughäfen evakuiert, 1 180 Flüge waren verspätet, 465 wurden gestrichen und 15 umgeleitet. In 434 Flugzeugen wurden nach verschärften Sicherheitskontrollen Passagiere von Bord verwiesen.

• Im Dezember 2001 war der Luftverkehr im Inland gegenüber dem Vorjahr um 14% zurückgegangen, im November um 19,8% und unmittelbar nach dem 11. September um nahezu 40%. Im April 2002 hatte er fast wieder sein altes Niveau erreicht.

• Der Anschlag vom 11. September legte 10 000 Unternehmen in Downtown New York lahm, und 377 000 Angestellte mussten umziehen.

• Der Vier-Sterne-Koch David Bouley bereitete 1 547 496 Mahlzeiten in einem Gesamtwert von 5,8 Millionen Dollar aus Mitteln des Roten Kreuzes für die Arbeiter an der Unglücksstelle des World Trade Center zu.

• Zusätzlich zu den am 11. September zerstörten Gebäuden wurden weitere 45 Gebäude mit insgesamt 930 000 Quadratmeter Bürofläche schwer beschädigt. Am 12. Februar 2002 waren 22 Gebäude noch immer geschlossen.

Afghanistan

• Gesamtbevölkerung (2001, geschätzt): 26,8 Millionen.

• Befestigte Straßen: 2 793 km.

• Bevölkerungsgruppen: 38% Paschtunen, 25% Tadschiken, 8% Usbeken, 19% Hazara.

• Anfang 2000 lebten rund 2 Millionen afghanische Flüchtlinge in Pakistan, zwischen 1 und 1,4 Millionen im Irak.

• Lebenserwartung: Männer 47 Jahre, Frauen 45 Jahre.

• Kindersterblichkeit: 147 von 1 000 Lebendgeborenen, die vierthöchste Rate der Welt.

• Ein Viertel aller afghanischen Kinder stirbt vor Erreichen des 5. Lebensjahrs.

• 31,5% der Afghanen über 15 können lesen und schreiben, davon 47,2% Männer und nur 15% Frauen.

• Die Kosten des Wiederaufbaus von Afghanistan in den nächsten fünf Jahren werden auf 9 Milliarden Dollar geschätzt.

• In einer am 27. Februar 2002 in den neun islamischen Staaten Indonesien, Iran, Jordanien, Kuwait, Libanon, Marokko, Pakistan, Saudi-Arabien und der Türkei durchgeführten Meinungsumfrage sagten 61% der Befragten, dass die Araber nicht für die Anschläge des 11. September verantwortlich seien.

• In derselben Umfrage hielten 9% den Militäreinsatz der USA in Afghanistan für gerechtfertigt.

Zusammengestellt von Peter Edidin

Das Krisengebiet im Nahen Osten

THE NEW YORK TIMES

Danksagung

Die Bilder und Texte dieses Buches sind aus der journalistischen Arbeit der *New York Times* seit dem 11. September 2001 hervorgegangen, die mit Pulitzerpreisen belohnt wurde. Wir alle – Lonnie Schlein, Mike Levitas, die Lektoren von Callaway Editions und ich – hatten angesichts des schier unerschöpflichen Materialfundus die Qual der Wahl. Und wir möchten uns bei allen bedanken, die uns die Arbeit in dieser Hinsicht so schwer gemacht haben.

Die Aufgabe der *Times* besteht darin, die Gesellschaft besser zu informieren. Und dies gelang trotz der steigenden Kosten für die Berichterstattung, indem wir die eigenständige Rubrik »A Nation Challenged« schufen, die dieses Buch erst ermöglichte. Auch wenn die Beiträge aufgrund eines großen Unglücks zustande kamen, so hoffen wir dennoch, dass dieses Buch den Verstorbenen, von denen auch viele aus dem Umfeld der *Times* stammen, ein ehrendes Andenken bewahrt. Die Texte liefern den Kontext zu den Bildern und wurden aus Platzgründen gekürzt. Wir hoffen, die Kürzungen werden den herausragenden journalistischen Leistungen gerecht. Diese Geschichte hätte nicht (auch nicht in einem Bildband) nur mit Fotos erzählt werden können.

Dank auch an Howell Raines und Gerald Boyd, die an die Macht der Fotografie glauben. Die Männer und Frauen in der Bildredaktion unter der Leitung von Margaret O'Connor, Mike Smith und Jim Wilson arbeiteten unermüdlich. Diese Geschichte überschritt alle Grenzen zwischen Auslands-, Inlands- und Lokalredaktion und ging daher über den Tisch vieler talentierter Bildredakteure, darunter Steve Berman, Pancho Bernasconi, Jeremiah Bogert, Cecilia Bohan, Karen Cetinkaya, Liz Claus, Beth Flynn, Philip Gefter, Stella Kramer, Kevin Larkin, Jose Lopez, Merrill Oliver, Lonnie Schlein und Sarah Weissman.

Natürlich waren es die Fotografen, die die Vision mit nach Hause nahmen. Viele arbeiteten sowohl hier als auch im Ausland unter hohem persönlichen Risiko, um die Geschichte dieses entsetzlichen Tages und seiner Folgen zu dokumentieren. Ihnen allen, Angestellten wie freien Mitarbeitern, gilt unser Dank und unsere Bewunderung.

Zahlreiche Bürger der Stadt, die aufgewühlt von dem waren, was sie gesehen hatten, brachten ihre Bilder in die Redaktion. Vielen Dank diesen Zufallsreportern, die uns ihre historischen Dokumente anvertrauten.

Natürlich waren wir nicht die einzigen, die darüber berichtet haben. Die Nachrichtenagenturen The Associated Press, Reuters und Agence France-Presse arbeiteten Seite an Seite mit uns in all den Monaten des Nachrichtensammelns. Wir möchten uns bei den Geschäftsleitungen bedanken, dass sie uns freundlicherweise gestatteten, ihre Arbeit zu veröffentlichen: Vin Alabiso von A.P., Mitch Koppelman von Reuters und Maria Mann von A.F.P.

Charles Blow und Gentry Sleets haben bei der Bearbeitung der Originalgrafiken für dieses Buch hervorragende Arbeit geleistet. Dank auch den Mitarbeitern des Times News Service für ihren harten Einsatz und ihre Ermutigungen: Tom Carley (unserem Chef und Fürsprecher), Jim Mones, Phyllis Collazo, Peter Simmons, Merrill Perlman und Mitch Belitz.

Unseren Verlagspartnern von Callaway Editions, die mit journalistischer Begeisterung mitarbeiteten, gilt unser besonderer Dank. Nicholas Callaway, George Gould, Carol Hinz, Toshiya Masuda, Antoinette White und die übrigen Angestellten waren stets voll und ganz von diesem Projekt überzeugt. Sie trafen eine Vorauswahl aus fast tausend Fotos, und wir hätten es nicht besser machen können. Für diese und andere Beiträge verlegerischen Heldentums verleihen wir ihnen hiermit den Titel eines Ehrenjournalisten der Times.

Nancy Lee
22. April 2002, New York City

Die New York Times erhielt bei der Verleihung der Pulitzerpreise 2002 sechs Auszeichnungen für ihre Berichterstattung über den 11. September, seine Opfer, seine Ursachen und seine Folgen.

Für journalistische Verdienste zum Wohl der Öffentlichkeit – für »A Nation Challenged«, eine Rubrik, die über die Ereignisse des 11. September berichtete, Kurzporträts ihrer Opfer brachte und die daraus folgenden Entwicklungen lokal und weltweit verfolgte.

Für Hintergrund- und Fachjournalismus – verliehen den Mitarbeitern für ihre Berichterstattung über die Geschehnisse vor und nach den Anschlägen, indem sie das weltweite Terrornetzwerk und seine potentielle Bedrohung erläuterten:
Stephen Engelberg – Judith Miller – James Risen – Kate Zernike – Don Van Natta Jr. – Douglas Jehl – Steven Erlanger – Chris Hedges – Jeff Gerth – Craig Pyes

Für Auslandsberichterstattung – verliehen an Barry Bearak für seine Berichte über den Alltag im vom Krieg zerrütteten Afghanistan.

Für Kommentare – verliehen an Thomas L. Friedman für seine Berichterstattung und seine Kommentare zu den weltweiten Auswirkungen der terroristischen Bedrohung.

Für aktuelle Fotoberichterstattung – verliehen den Mitarbeitern für ihre Bildberichte vom Terroranschlag in New York City und seinen Folgen:
Suzanne DeChillo – Angel Franco – Ruth Fremson – Edward Keating – Chang W. Lee – Keith Meyers – Andrea Mohin – Krista Niles – Nancy Siesel – Kelly Guenther – George M. Gutierrez – Justin Lane – Steve Ludlum – Brian Manning

Für Foto-Features – verliehen den Mitarbeitern für ihre Fotos, die das Leid und das Durchhaltevermögen der Menschen in Afghanistan und Pakistan dokumentierten:
Stephen Crowley – Ruth Fremson – James Hill – Vincent Laforet
Chang W. Lee

FRED R. CONRAD/NYT

Titel der englischsprachigen Originalausgabe: *A NATION CHALLENGED. A visual history of 9/11 and its aftermath*

Ins Deutsche übertragen von Petra-Susanne Räbel

Art Director & Design: Toshiya Masuda
Umschlagadaption der deutschen Ausgabe: Büro Jorge Schmidt, München
Herstellung: Karlheinz Rau, München
Satz: SatzTeam Berger, Ellwangen/Jagst
Druck und Bindung: Appl aprinta Druck, Wemding

Produced by Callaway Editions, Inc.

Nicholas Callaway, Verleger und Verlagsleitung
Antoinette White, Lektoratsleitung · Sarina Vetterli, Assistentin der Verlagsleitung
George Gould, Produktionsleitung · Toshiya Masuda, Art Director
Carol Hinz, Lektorat · Ivan Wong Jr. and José Rodríguez, Design und Produktion

Printed in Germany

ISBN 3-89910-192-8

FRED R. CONRAD, PAUL MYODA, JULIAN LAVERDIERE

Titelbild der Ausgabe des New York Times Magazine vom 23. September 2001.

Mahnmal aus Licht

Nach dem 11. September bat das New York Times Magazine die Künstler Julian LaVerdiere und Paul Myoda, ein Mahnmal für die Titelseite der Ausgabe vom 23. September zu entwerfen, die ganz dem Unglück gewidmet sein sollte. Eine am Computer erstellte Version ihres Entwurfs, die sie in Zusammenarbeit mit dem Fotografen Fred R. Conrad entwickelten, war das Ergebnis.

Am 11. März 2002 ragten unweit der Unglücksstelle zum Gedenken an die Zwillingstürme und all jene, die bei dem Terroranschlag ums Leben kamen, zwei Lichtsäulen in den nächtlichen Himmel. Dieses »Mahnmal aus Licht« war das Ergebnis der Arbeit, auf die man am 23. September auf dem Titelblatt des Magazins erstmals einen Blick werfen konnte, und schloss die Bemühungen anderer Künstler mit ein, die gleichzeitig an einem ähnlichen Entwurf gearbeitet hatten.